古典図案の刺繡

リボンと糸で描く

おおたにめぐみ

Réticule fleuri
小花のレティキュル
P.4

Motif floral en répétition I
花の連続模様 I
P.6

Trousse plate
《Le printemps, 1818》
帛紗ポーチ《1818年の春》
P.7

Pochette《Le mistral》
ミストラルのポシェット
P.8

Manchettes au muguet
すずらんのカフス
P.10

Col au muguet
すずらんのつけ衿
P.11

Trousse de couture
刺繍のためのポーチ／ピンクッション
ニードルケース／刺繍糸ケース
P.12-15

Couvre-livre
ブックカバー
P.18

Col à fleurs bleues
青い花のつけ衿
P.20

Pochette à iris
アイリスのポシェット
P.21

Petits bouquets
小さな花束
P.22

Motif floral en répétition II・III
花の連続模様 II・III
P.23

Broche nœud de ruban
リボンのブローチ
P.24

Motif de nœuds de ruban en répétition
リボンの連続模様
P.25

Le Ballon de Gonesse
ゴネスの気球
P.26

Pochette à clématite
クレマチスのポシェット
P.27

Motif floral en répétition IV・V
花の連続模様 IV・V
P.28

Motif floral en répétition VI
花の連続模様 VI
P.29

Chronique brodée
アンティーク図案の愉しみ
P.16

Rêverie en fil et aiguille
ステッチの愉しみ
P.30

SOMMAIRE

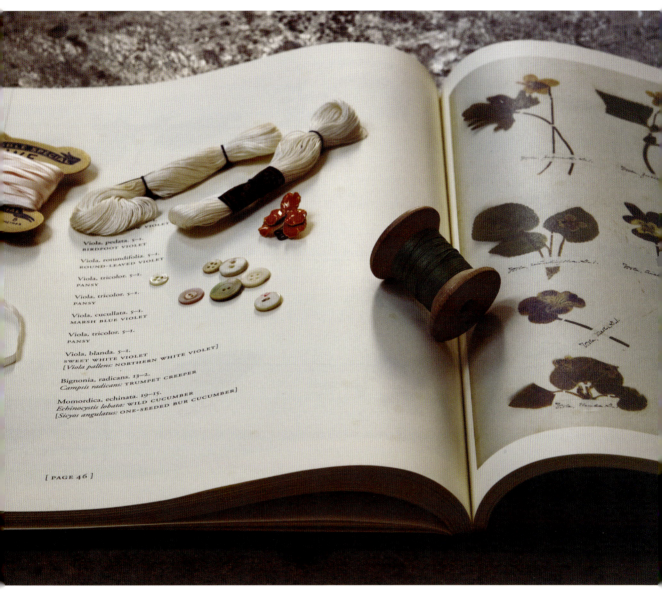

32	**METÉRIELS**	刺繍材料
34	**OUTILS**	刺繍道具
35-39	**POINTS DE BRODERIE**	刺繍糸のステッチ
40-41	**BRODERIE AU RUBAN**	リボンのステッチ
42	**PASSEMENTERIE, CHENILLE**	ブレード、モール刺繍糸
43	**POINTS DE BRODERIE**	アブローダーのステッチ
44	**POMPON**	タッセル
46	**BROCHE**	ブローチ
47	**INDEX**	ステッチ索引
48		作品の作り方

Réticule fleuri
小花のレティキュル
How to make P.49

Motif floral en répétition I
花の連続模様 I
How to make P.48

Trousse plate
〈Le printemps, 1818〉

帛紗ポーチ《1818年の春》

How to make P.52

Pochette 〈Le mistral〉

ミストラルのポシェット

How to make P.56

Manchettes au muguet
すずらんのカフス
How to make P.60

Col au muguet

すずらんのつけ衿

How to make P.55

Porte-aiguilles

ニードルケース

How to make P.68

Etui à fils

刺繍糸ケース

How to make P.66

Pochette de brodeuse

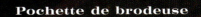

刺繍のためのポーチ

How to make P.62

Pique-aiguilles

ピンクッション

How to make P.65

Trousse de couture

刺繍のためのポーチ / ピンクッション / ニードルケース

Chronique brodée

アンティーク図案の愉しみ

ルイ16世様式に見られる3つの輪のリボン。

約60〜120年前の刺繡図案
紙製なので古いものほど手に入りにくい。中には以前の持ち主の名前が走り書きされたものもあり、手から手へと受け継がれてきたことを感じます。

　私とアンティーク図案との出会いは、東京茅場町にあったアンティーク店でした。
　大学の先輩である吉田緑さんが連れて行ってくれたそのお店は、重厚感のある洋風建築の一室にあり、ノスタルジックな雰囲気と冬の午後の薄暗い光も相まって、趣のあるたたずまいでした。店内に古いレースやボタンと一緒に並べられていた刺繡新聞。1960年代のもので、一般的な新聞より一回り小さいサイズの8ページの図案集です。かわいいアベセデール（アルファベットの図案）や美しい花模様が白黒で印刷され、ページをめくるだけで心が躍ったのを覚えています。
　その後、パリで刺繡の勉強をしていた私は、時折、蚤の市に出かけました。
　そこで、東京で出会ったものとはまた違うアンティーク図案に出会います。モード新聞や生活冊子の中にひっそりと掲載された刺繡図案。刺繡図案の他にも、当時の流行アイテムや四季折々のコラム、季節の贈り物の提案やさまざまな生活用品の広告などが掲載され、当時の暮らしが生き生きと垣間見えるのです。
　この頃、パリで出会ったアンティークディーラーの青木智美さんは、私の所有するアンティーク図案の多くを見つけてきてくれた友人で、本書を製作している最中にも、代々フランスでレース職人をしていたかたのお宅から120年以上前の貴重な資料をたくさん見つけてきてくれました。このようにして膨大な数のアンティーク図案が私のもとに集まり、刺繡へのインスピレーションの源となっています。
　本書は、1818年に出版された「Journal des dames Modes et dessins de broderie」より、さまざまな材料を使って再現した作品（P.7「1818年の春」やP.29「花の連続模様Ⅵ」）や、古典図案から着想を得た作品を紹介しています。

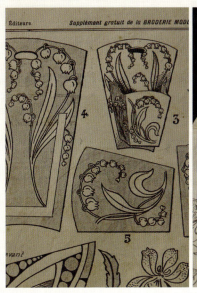

左から
・今も昔も愛されるすずらんの図案
・かわいらしい形のスカラップ模様
・子ども用の衿の広告
このようなイラストもインスピレーションの源となります。

　「Journal des dames Modes et dessins de broderie」はファッションプレート(写真がなかった時代に流行を伝えたファッションイラスト)とともに刺繍図案が描かれた本で、当時の女性たちの装いを伝えてくれる貴重な資料です。

　この本が出版された時代、18世紀中頃から19世紀初頭にかけての新古典主義の影響を取り入れ、時代を超えて語りかけてくるデザインを再解釈しています。

　この時代に発明された気球(18世紀後半にフランスでモンゴルフィエ兄弟により発明)は、その後、装飾美術において流行のモチーフとなりました。当時、煙には空を飛ぶ魔力があると考えられており、その煙の魔力を集めて袋に詰めれば空飛べるのでは、という発想から気球が誕生しました。気球は魔力で飛んでいると思われていたので、気球が不時着した村は大騒ぎになりました。その村がゴネス村です。「ゴネスの気球」(P.26)はこのエピソードを題材にしています。ゴネス村の人々はこの気球を恐れ、農具やナイフで壊してしまいました。本書では、そんな不幸な結末をまだ知らない気球が、悠々と空を進む様子を描いています。

　古典図案によく登場する輪が3つのリボンはルイ16世様式(新古典主義の先駆けとなった様式)に見られる装飾の一つで、鏡や額縁の彫刻などの装飾に用いられました。華やかさの中に重厚さのある装飾です。本書ではベロアのような風合いのリボンの連続模様とブローチを作りました。

　古典図案に現代の視点を加える喜びは、先人たちの美意識と呼応し、私たちに新たな感動をもたらします。時を超えて編み出された技法や模様、一針一針に込められた思いは、静かに次の世代へと引き継がれ、また新しい物語を紡いでいくのです。古典図案と向き合うたび、時を超えた美の連なりが私たちに語りかけてきます。その声にそっと耳を澄ませ、私たちもまた、その一部となっていくのです。

P.7「帛紗ポーチ1818年の春」で作品として再現した図案。

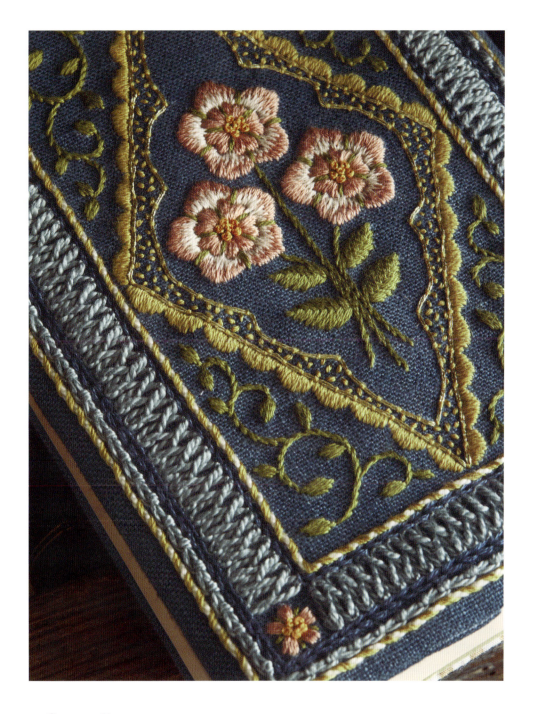

Couvre-livre

ブックカバー

How to make P.70

Col à fleurs bleues
青い花のつけ衿
How to make P.74

Petits bouquets
小さな花束
How to make P.73

Motif floral en répétition II · III

花の連続模様 II · III

How to make P.84

Broche nœud de ruban

リボンのブローチ

How to make P.78

Motif de nœuds de ruban en répétition

リボンの連続模様

How to make P.79

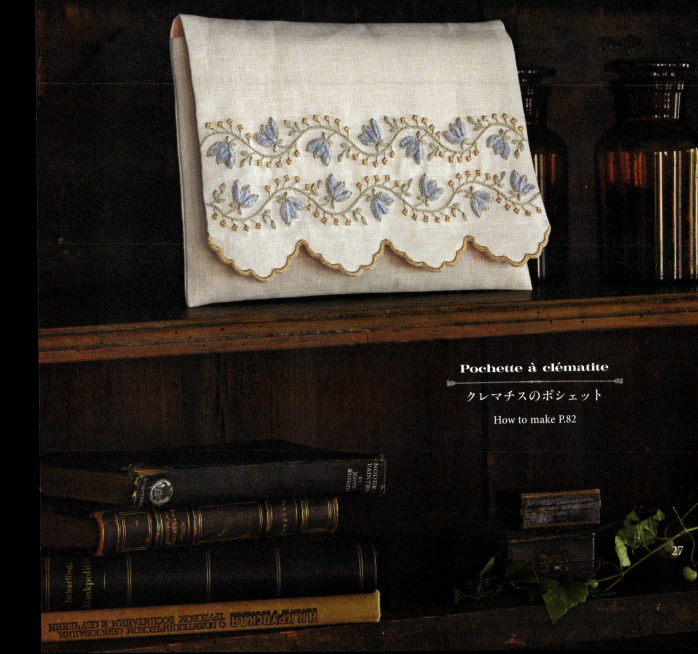

Pochette à clématite

クレマチスのポシェット

How to make P.82

27

Motif floral en répétition IV・V

花の連続模様 IV・V

How to make P.85

Motif floral en répétition VI

花の連続模様 VI

Rêverie en fil et aiguille
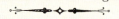
ステッチの愉しみ

ふっくらとしたリボン刺繡はすずらんのころん
とした立体感を表現するのに適しています。

P.7「帛紗ポーチ1818年の春」
p.17の図案と見比べてみてください。色彩や、
どのラインをどんな材料でステッチするか考え
るのはおもしろい工程です。

　刺繡の魅力は、完成したときの美しい姿だけではありま
せん。糸が布を通り、形を成していくその瞬間にも刺繡の
愉しみを見出すことができます。

　美しいラインを描くシンプルなアウトライン・ステッチやバッ
ク・ステッチ、糸が美しい面を作るサテン・ステッチ、リズミ
カルなフレンチノット・ステッチ。布の上に模様が広がってい
く様子は、心までも満たし、手を動かすごとに充実感が増し
ていくようです。

　さまざまな材料、たくさんのステッチ、そこに色彩も加わり、
その組合せは無限に広がる創造的な表現となり、刺繡の世
界を広げます。

　本書では、基本的なステッチから複雑なステッチ、私が
考案したステッチまで、全27種のステッチを紹介しています。

　25番糸にとどまらず、太さのある5番糸を使ったボリュー
ムのあるステッチ、リボンを用いたニュアンスのある表情や、
モール糸を使ったふわふわのテクスチャーなど、表現したい
絵をどんな材料と手法で具現化するかのヒントを本書にちり
ばめています。

　同じステッチでも材料が違うと全く違う顔を見せるおもし
ろさがあります。ステッチと材料の新たな組合せを発見した

り、独自のアイディアを加えたりすると、より魅力的な作品
が生まれるでしょう。同じステッチでも大きさを変えてみる
と、いつもと違ったリズムが生まれ、新鮮な驚きをもたらし
てくれます。

　ステッチの技法には、それぞれの文化的背景が息づいて
います。有史以前から用いられているシンプルなステッチに
は、人々の暮らしや祈りが込められており、装飾としてだけ
でなく、生活の一部として重要な役割を果たしてきました。

　たとえば、クロス・ステッチやランニング・ステッチは、

左から
・しなやかなリボン刺繍は軽い薄手の生地にも合います
・ゴーディアンノット・ステッチを施したブックカバーは16世紀〜17世紀の表紙に刺繍が施された本をイメージしました。ハヤカワ文庫が入るサイズです
・ふわふわとした質感が表現できるモール糸の刺繍

古代の衣服の補強や宗教的な儀式にも用いられ、その技法は時代と共に洗練され、さまざまな文化圏で独自の発展を遂げています。

また、ステッチの多くはその見た目に由来する名前で呼ばれることが多いですが、地名に由来するステッチも少なくありません。たとえば、パレストリーナ・ステッチは、イタリアの村パレストリーナに由来し、その名が伝統的な刺繍技法を象徴しています。そうした地名にまつわるステッチの名前は、技法の背景にある土地の文化や歴史とのつながりを感じさせ、刺繍をさらに特別なものにしています。

ブレードを縫いつけたような豪華さのゴーディアンノット・ステッチ。その名は「ゴルディアスの結び目」の伝説に由来するといわれます。

古代アナトリアのフリギアの町ゴルディオンに複雑に絡まった結び目があり、「これを解いたものがアジアの王になる」という予言がありました。多くの人が挑戦したものの、結び目を解くことはできませんでしたが、アレクサンドロス大王がこれに挑み、剣で結び目を一刀両断。この伝説は「難題を斬新な方法で解決すること」のメタファーとして知られています。

ゴーディアンノット・ステッチはその名に違わず、刺し進んだ後、解くのが難しいので、慎重に進めていく必要がありますが、糸が複雑に交差しながら模様を形作っていく様子を見るたびに、伝説が蘇ります。

ステッチには、歴史の奥深さとともに、その土地の文化や人々の生活が色濃く映し出されています。たとえシンプルな一針であっても、その背後には長い歴史と豊かな物語が広がっているのです。古くから受け継がれてきた技法に、現代の色鮮やかな糸や豊富な素材を取り入れ、新しい感覚を加えることができるのは、今を生きる刺繍愛好家の特権と言えるでしょう。

手作業によるステッチには、他にはない温もりと独特の存在感が宿ります。針と糸で紡がれる装飾には、作り手の想いと手仕事の重みが込められ、そこには繊細で深い美しさが漂っています。一針一針ステッチする穏やかな時間は、私たちに、心と手が一体となる喜びをもたらしてくれます。

MÉTERIELS 刺繡材料

A **リネン** / 目が詰まっていて薄すぎないものがよい。本書ではZweigart NEWCASTLEやそのほか国産リネンなどを使用。刺繡用リネンでない場合は薄手の接着芯をはっておくと刺しやすい。

B **25番刺繡糸[DMC]** / 定番の刺繡糸。6本の細い糸がより合わされており、指定の本数を引き出し、引きそろえて使う。

C **コットンパール糸[DMC]** / 本書では5番を使用。光沢がある太めの糸。

D **アブローダー[DMC]** / カットワークなどで多用される、細くて強度がある糸。

E **ライトエフェクト糸[DMC]** / 25番刺繡糸と同形状のラメ糸。針は通常の25番刺繡糸よりやや太いものを使うとよい。

F **ディアマント[DMC]** / 金属的な輝きがあるラメ糸。

G **モール刺繡糸[Art Fiber Endo]**（各作品材料欄では[AFE]と記載）/ 色数豊富な、ふわふわとしたモール糸。

H **キルト糸** / 本書では以下の用途で使用
　　　・ブレードをとめる
　　　・リボンのギャザーを作る
　　　・タッセルを作る
　　　・縫い糸として
　　　ビーズをとめるときはミシン糸を使用。

I **ブレード[MOKUBA]** / 縫いとめて使用。

J **刺繡用リボン[MOKUBA]** / 本書では4mm幅と7mm幅の2種類を使用。ポリエステル製とシルク製がある。

刺繍針のサイズの目安

糸やリボン、モールの太さやかたさ、その用途に合わせて、様々なサイズの刺繍針を使い分けます。
針穴が小さすぎると糸が傷む原因になり、大きすぎると糸が抜けやすくなります。

糸	針のサイズ
H ミシン糸などでビーズを刺す	ビーズ刺繍針 No.10
H キルト糸などでコードをとめる	フランス刺繍針 No.8
B 25番刺繍糸 2〜3本どり **D** アブローダー25番 1本どり	フランス刺繍針 No.7
B 25番刺繍糸 4〜5本どり **F** ディアマント 1本どり	フランス刺繍針 No.5
B 25番刺繍糸 6本どり **C** コットンパール糸5番 1本どり	フランス刺繍針 No.3
J 刺繍用リボン4mm /7mm 1本どり **G** モール刺繍糸 1本どり	シェニール針 No.18 (タペストリー針)

刺繍をする前に

リネンは洗うと縮むため、裁つ前に1時間ほど水に浸してから乾ききる前にアイロンをかけ、地直しをします。

刺繍小物の手入れについて

刺繍が終わったら手洗いで洗濯します。図案線が目立たない場合は省略可。
シルクリボンを使った作品は洗濯できません。
アイロンは柔らかいタオルの上に刺繍面が下になるように置いてかけます。

材料メーカー

Art Fiber Endo
(アートファイバーエンドウ)
京都市上京区菱屋町820
https://artfiberendo.com
tel.075-841-5425

DMC
(ディー・エム・シー)
https://www.dmc.com
Instagram@dmc_jp

MOKUBA
(モクバ)
ショールーム
東京都台東区蔵前4-16-8
tel.030-3864-1408

OUTILS 刺繡道具

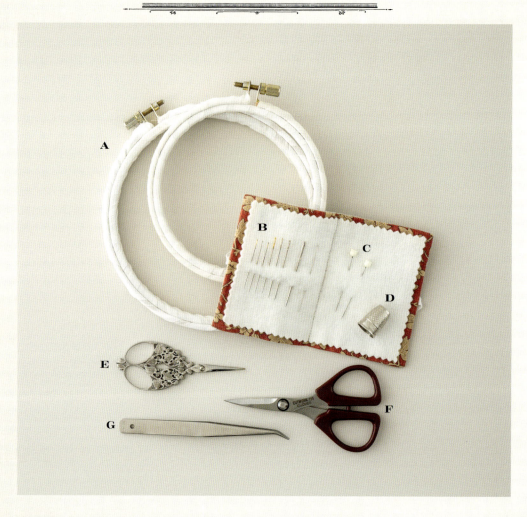

A 刺繡枠／12〜20cm程度のものを使用。外枠・内枠共に布を巻いておくとすべりにくくなる。
B 刺繡針／サイズはP.33参照。すべて先端のとがったシャープエンドタイプ。
C まち針／刺繡ではコードを仮どめし、仕立て時にも使用します。シルクピンでも可。
D シンブル／太い糸や針を生地に通す際など、あると便利。
E 糸切りばさみ／先の細いものが使いやすい。
F カットワーク用はさみ／刃先がカーブしているタイプは、ブランケット・ステッチ部分をカットする際に便利。
G ピンセット／リボンを整えるのにあると便利。

図案を布に写す

[用意するもの]
・図案の実物大コピー
・片面複写紙
・セロファン
・トレーサー
・印つけペン

[写し方]
下から順に布、片面複写紙、図案のコピー、セロファンを重ね、
図案をトレーサーでなぞる。
薄い部分などは印つけペンで補う。

POINTS DE BRODERIE　刺繍糸のステッチ

基本のステッチはP.87にて図解しています
S＝ステッチ

刺し始めと刺し終り［捨て糸］

1 刺し始め位置から離れた位置に針を入れる。

2 糸端は針2本分の長さを残し（捨て糸という）、ステッチをする。

3 刺し終わった糸は、ステッチの裏糸に3〜4回からげてカットする。

4 表に残していた捨て糸を裏へ引き出す。

5 3と同様に処理する。

ジャーマンノット・ステッチ

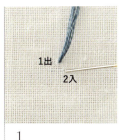

1

2

3 右から左へ、針の穴側から通して糸を巻く。

4 もう一度針を通して糸を巻く。針を糸の上に置く。

POINT 4は3で巻いた糸の下に巻く。

5 糸を引く。

6

7 完成。

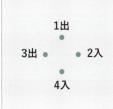

POINT 針の出し入れ位置の目安。正方形を描くように刺す。

EXAMPLE

ケーブル・ステッチ

ケーブルSはジャーマンノットSを続けて刺し、ラインを描くステッチ。ジャーマンノットSの1〜5までと同様に刺す。

1 少し離れた位置に針を入れる。

2 図案線の反対側から針を出す。

3 ［2入］［3出］を繰り返して刺し進む。

POINT 針の出し入れ位置の目安。

POINTS DE BRODERIE 刺繡糸のステッチ

ヘリンボーン・ステッチ

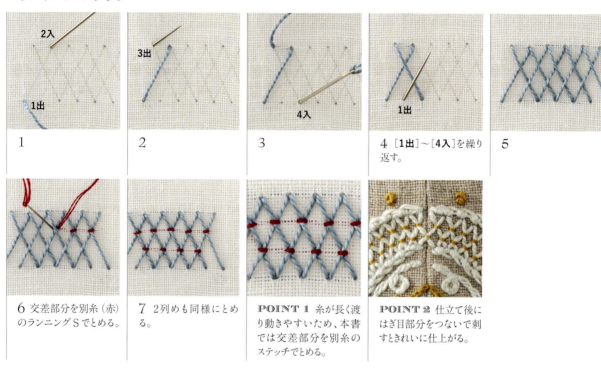

トレリスコーチング・ステッチ

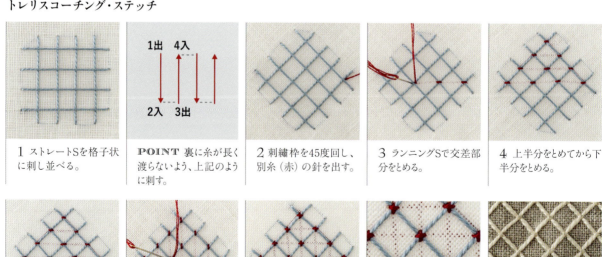

コーラル・ステッチ

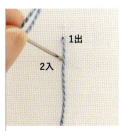    

1 図案線の端から針を出し、糸を手前に引いて[2入]を刺す。

2 ループを作って針を出す。

3 糸を引く。1目完成。

4 [2入][3出]を繰り返して刺し進む。

POINT [2入][3出]は図案線に対し垂直に並ぶ。

5 刺し進めたところ。

EXAMPLE

ポルトガルノットステム・ステッチ

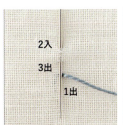    

1 図案線の端から針を出し、[2入][3出]を刺す。

2 糸を引く。

3 右から左へ、針の穴側から通して糸を巻く。

4 糸を引く。

5 3と同様に糸を巻き、糸を引く。

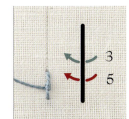    

POINT 5の針は3で巻いた糸の下に巻く。

6 [2入]の左側に針を出す。1～5を繰り返す。

POINT 工程3、5の糸の巻きつけは、先の針目も一緒に拾う。

7 刺し進めたところ。

EXAMPLE

POINTS DE BRODERIE　刺繍糸のステッチ

ゴーディアンノット・ステッチ

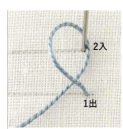    

1　[1出]のあとにループを作り、ループの中に[2入]を刺す。

2　糸を引き、針を出す。

3　2で出した針に糸をかける。

4　糸を引く。引きすぎるとループが縮んでしまうので注意。

5　ループを作る→[2入]→[3出]→糸をかけるを繰り返す。

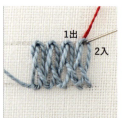   

6　別糸（赤）を外から出し、内へ入れる。

7　小さな針目でとめる。

8　上下両側を同様にとめる。

EXAMPLE　糸が動きやすい構造のステッチなので、別糸でとめるとよい。作品では別糸は刺繍糸と同色を使う。

レイズドフィッシュボーン・ステッチ

  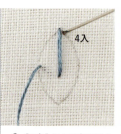 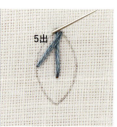 

1　先端から針を出し、中心線上に針を入れる。

2　図案線の左端から針を出す。

3　[1出]のすぐ右に針を入れる。

4　[1出]のすぐ左から針を出す。

5　[3出]と同じ高さに針を入れる。小さなクロスを作る。

6　[3出]のすぐ下から針を出す。2〜5を繰り返して刺し埋める。

7　すべて刺し埋めたところ。

EXAMPLE

ウィップドバック・ステッチ

1 先に別糸でバックSを刺しておく。新たに糸を出す。

2 上から下へ、先のバックSの目に通して糸を巻く。

3 同様に次のバックSに糸を巻く。

4 端までできたら針を入れる。

EXAMPLE

ウィップドターキーノット・ステッチ（ウィップドスミルナ・ステッチ）

1 [2出]は図案線の端から針を出す。

2 [1入]をまたいで針を入れる。

3 [1入]と同じところから針を出す。

4

5 指定の幅にカットした厚紙を図案線に合わせて置く。

6 糸を引き、ループを厚紙に巻く。

7 [3入]と同じところから針を出す。

8 [3入]～[6出]を繰り返す。

POINT 厚紙はループの長さをそろえるためにあると便利。

9 最後の糸端は布上に出す。厚紙を抜く。ターキーノットSの完成。

10 新たに糸を出す。

11 ウィップドバックS 2～4を参考に、1目ずつ糸を巻く。

12 ループにはさみを入れてカットする。

13 完成。

EXAMPLE

BRODERIE AU RUBAN　リボンのステッチ

刺し始め

1　針穴にリボンを通し、リボンの先端に針を入れる。
2　リボンを引き締め、針穴にリボンをとめる。
3　リボンの反対端を二つ折りにし、まとめて針を入れ、引き抜く。
4　ループに針を通す。
5　リボンを引き締め、玉結びの完成。

刺し終り

1　刺し終えたところ。
2　ループを作り、針を通して結ぶ。
3　裏に渡ったリボンに2回くぐらせる。
4　余分をカットする。

刺繍用リボンについて À propos du ruban à broder

ふっくらとしてたおやかなリボン刺繍は初心者にもおすすめのテクニックです。
糸と違って幅があるため、ねじれてしまったり、
思い通りの向きにならなかったりすることもありますが、
あまり気にせず、リボンのおおらかさに任せる気持ちで刺していくと、
リボンが魅力的な表情を見せてくれることがあります。

リボン刺繍は使っていくうちにだんだん平たくなっていきます。
それもリボン刺繍の味わいです。
蚤の市で見かける、長い年月を経たリボン刺繍はぺたんとしていますが
それもまた趣があり、繊細な手仕事の余韻を伝えてくれるものです。

Les conseils pour broder au ruban

きれいに刺すためのポイントをご紹介します。

・布に通す摩擦で傷みやすいため、短めにカットして使う（約30cm）。
・きれいな状態のまま洗濯することは難しいため、洗いたいアイテムでの使用はさける。
　特にシルク素材のリボンは洗えないので注意。
・ピンセットを使うと、リボンの向きや流れを整えやすい。
・布裏にリボンがある際に、針でリボンを傷つけてしまうことが多いので注意する。

リボン・ステッチ

   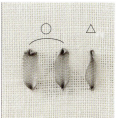 

1 図案線の端からリボンを出し、リボンの上に針を入れる。

2 ゆっくりとリボンを引く。

POINT 1 リボンを指で押さえながら引くと、引きすぎを予防できる。

POINT 2 強く引きすぎるとリボンが細くなってしまうので注意。

EXAMPLE

リボンのレゼーデージー・ステッチ

1 レゼーデージーS（P.87）と同様に刺す。

POINT ［2入］［3出］はまとめて刺さず、毎針リボンを引く。

2 小さなリボンSでとめる。

3 完成。

EXAMPLE 幅7mmのリボンで同様に刺したところ。

リボンのギャザー・ステッチ

1 図案線の端からリボンと別糸（赤）を出す。針はつけたままにする。

2 リボンの端を指定の長さ分別糸でぐし縫いする。

3 引き絞ってギャザーを寄せる。

4 リボンと別糸の針を入れる。

EXAMPLE

レイズドリボン・ステッチ

1 別糸でフレンチノットSをし、その際から針を出す。

2 リボンSでおおう。

3 もう1回針を出し、同様にリボンSをする。

4 完成。リボンS2回で、中のフレンチノットSをおおう。

EXAMPLE

41

PASSEMENTERIE, CHENILLE　ブレード、モール刺繍糸

ブレードの使い方・縫いとめる

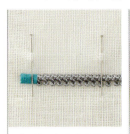    

1 ほつれ止めのテープをはったまま、シルクピンなどで仮どめする。

2 下辺を小さな針目でとめる。実際は同色の糸を使用。

3 上辺を小さな針目でとめる。

POINT 針はブレードの外側から出し、ブレードの上に入れる。

EXAMPLE

・仕立てる

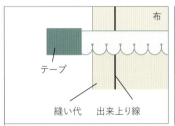 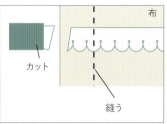

1 出来上り線の外側にテープがくるようにブレードを配置する。

2 出来上り線で縫った後に、テープ部分を含む余分をカットする。先にテープ部分を切るとブレードの端がほつれてしまうので注意。

モール刺繍糸の使い方　すべて1本どりで刺す

1 端を布表に出して針を入れる。

2 小さく3回縫う。

3 余分をカット。

4 刺し始めの完成。近くから針を出し、指定のステッチをする。

5 刺し終わったら糸の間から針を出す。

  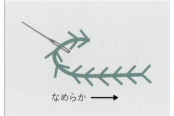 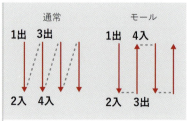

6 小さく3回縫う。最後は針を布表に出す。

7 糸端を布表でカットする。

POINT モール刺繍糸には向きがあるため、触って毛流れを確かめて針に通す。逆向きにすると針通りが悪い。

POINT サテンSは通常の針運びで刺すと布裏が分厚くなってしまう。上図のように刺して裏を平らにする。

POINTS DE BRODERIE　アブローダーのステッチ

*すべて1本どり
*基本のブランケットSの刺し方はP.87参照

デタッチドブランケット・ステッチ

POINT
本書では巾着などのひも通し部分として使う。力が加わるため、刺し始めは玉結びをしてから布を小さく3回縫い、ステッチを始める。ステッチが終わったら同様に小さく3回縫い、玉どめをする。

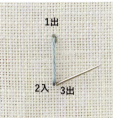

1 ストレートSを2本刺し並べる。

2 際から針を出す。

POINT 下にひもなどを通すためのステッチなので、以降は布をすくわずに刺し進む。

3 針穴側からストレートSを拾い、ブランケットSをする。

4 糸を引く。横ではなく、ストレートSに垂直方向に引く。

5 3、4を繰り返す。刺し終えたら針を入れる。

EXAMPLE

ブランケット・ステッチの縁

POINT
巾着など袋を仕立ててから表布と裏布をまとめて刺す。スカラップを描く刺繍であると同時に、袋口の処理ができる。

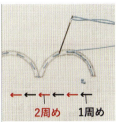

1 ランニングSを2周刺し、下縫いをする。

2 糸を新たに用意する。糸端についてはP.35[捨て糸]を参照。

3 ブランケットSをする。糸は弧の外側へ引く。

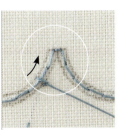

POINT 鋭角部分ではなく、曲線部分から刺し始めるとよい。

4 角部分にきたら、1針垂直に刺す。

5 繰り返し刺し進む。袋口を1周刺し終えたところ。

POINT
ブランケットSが終わったら糸端を処理する。ランニングSの下縫い糸は刺し包まれているのでそのまま余分をカットしてよい。ブランケットSの糸端はP.35[捨て糸]を参照。

6 カットワーク用はさみでステッチの際をカットする。

7 完成。

POMPON　タッセル

巾着の絞りひもの先端にタッセルをつける場合、ひもを通し口に通すため、
先にタッセルをつけることができません。
そのため、本書では以下の2種類の方法をご紹介しています。

A：仕立てた巾着にひもを通してからタッセルを作る場合

1 ひもを通す。

2 ひもを輪にする。

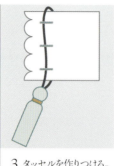
3 タッセルを作りつける。

B：タッセルを先に作る場合

1 よりひもを輪にする。

2 タッセルを作りつける。

よりひもを作る

1 糸を指定の長さにカットし、端をテープなどで固定してねじる。

2 節ができるぎりぎりまでねじったら、二つ折りにする。

3 二つ折り側の手を離すと、自動的によりができる。

4 さらに二つ折りにし、まとめてひと結びをする。巾着などに通す場合は、通してから結ぶ。

A：タッセルの作り方

1 指定サイズの厚紙に、指定回数糸を巻く。

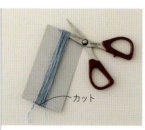
2 上下2か所をカットする。

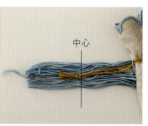
3 巾着に通したひもを2の上に置く。結び目が中心を越えるように調整。

4 別糸で中心をきつく結ぶ。何度か糸をかけ、しっかりと結ぶ。

POINT 1
別糸は、タッセルと近い色を選ぶ。キルト糸など強度があるものがよい。

POINT 2
タッセルでひもの結び目を包むときれいに仕上がる。

5 糸束を開き、タッセルをそろえる。

6 とめ糸（黄）を用意し、ループを作る。

7 ☆の糸をきつく3回巻く。

8 巻いた糸をループに入れる。

9 6の糸端（★）を引く。

10 糸の両端を持って強く引く。

11 糸を針に通し、タッセルの中へ入れる。もう一方も同様にする。

12 タッセルをセロファンなどで巻き、指定の長さにカットする。

POINT セロファンを巻いてその縁をカットすることで、きれいに切りそろえられる。

13 完成。もう1本も同様にする。

B：タッセルの作り方

1 指定サイズの厚紙（中央をあけておく）に、指定回数糸を巻く。輪にしたよりひも（P.44）を置く。

2 別糸（同色のキルト糸など）で中心をきつく結ぶ。何度か糸をかけ、しっかりと結ぶ。

3 上下2か所をカットする。以下 A5〜12を参照して作る。

4 完成。

BROCHE ブローチ

ビーズを刺す

POINT 糸はキルト糸やミシン糸など細く強度があるものを使う。1本どりでビーズ刺繍針に通し、玉結びをして、刺し始め位置を小さく3回縫ってから刺す。

1 針を出し、ビーズを1個拾う。

2 1と逆向きにビーズに針を通す。

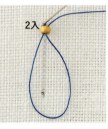

3 ループを残したまま、針を[1出]と同じ位置に入れる。

4 ビーズの際から針を出し、ループに通す。

5 糸を引く。

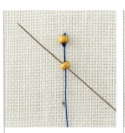

6 同様に刺し進む。

7 刺し終りは刺し始め同様、小さく3回縫い、玉どめをする。

POINT チェーンSの構造でビーズをとめる。糸が2本ビーズの中に通ることでしっかりととまる。刺繍用のかぎ針(アリワーク用かぎ針など)と同構造でとめることができる方法。

ブローチを仕立てる

1 刺繍をする。

2 プラスチック板を、ビーズの内側と同じサイズにカットする。

POINT プラスチック板は、クリアファイルなどを使うとよい。

3 両面テープでプラスチック板を裏面に貼る。

4 刺繍の回りを1cmほど残してカットし、切込み(赤線)を入れる。

5 接着剤をつけ、切込みを入れた部分を裏へ折り込む。

6 裏布(合成皮革など)をプラスチック板と同寸にカットし、切込みを入れてブローチ金具を差し込む。

7 5と6を貼り合わせ、完成。

INDEX ステッチ索引（五十音順）

＊図中のS＝ステッチの略
＊単位はcm

P.87　アウトライン・ステッチ	P.35　ジャーマンノット・ステッチ	P.37　ポルトガルノットステム・ステッチ
P.39　ウィップドターキーノット・ステッチ	P.87　ストレート・ステッチ	P.87　ランニング・ステッチ
P.39　ウィップドバック・ステッチ	P.87　チェーン・ステッチ	P.41　リボン・ステッチ
P.35　ケーブル・ステッチ	P.43　デタッチドブランケット・ステッチ	P.41　リボンのギャザー・ステッチ
P.87　コーチング・ステッチ	P.36　トレリスコーチング・ステッチ	P.41　リボンのレゼーデージー・ステッチ
P.38　ゴーディアンノット・ステッチ	P.87　バック・ステッチ	P.38　レイズドフィッシュボーン・ステッチ
P.37　コーラル・ステッチ	P.87　ブランケット・ステッチ	P.41　レイズドリボン・ステッチ
P.87　サテン・ステッチ	P.87　フレンチノット・ステッチ	P.87　レゼーデージー・ステッチ
P.87　シード・ステッチ	P.36　ヘリンボーン・ステッチ	P.87　ロングアンドショート・ステッチ

Motif floral en répétition I　花の連続模様 I　>P.6

[刺繍材料]

DMC　25番刺繍糸　3859（ピンク）　1束
　　　コットンパール糸5番　ECRU（生成り）　1束
　　　ディアマント　D168（銀）　1巻き
MOKUBA　リボン4mm　No.1547　49（ベージュ）　2巻き
AFE　モール刺繍糸　407（青）　2束

図案
100%で使用
コットンパール糸、モール刺繍糸、リボンはすべて1本どり

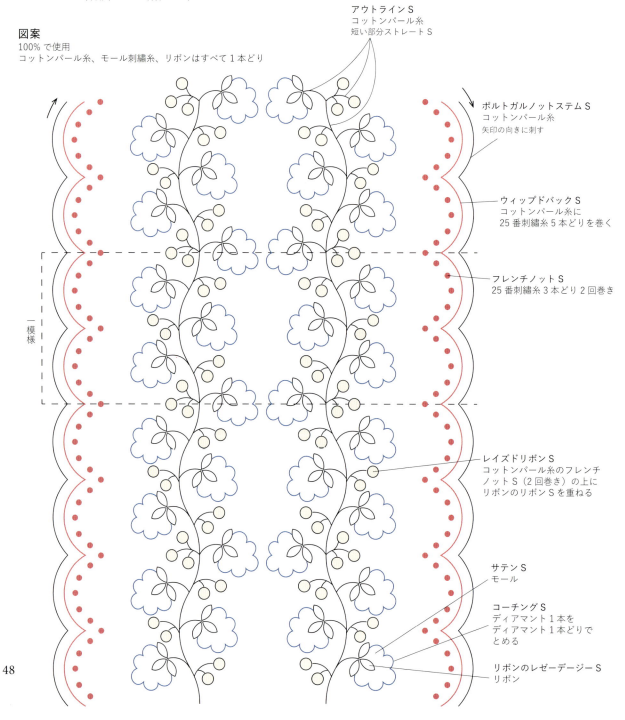

アウトラインS
コットンパール糸
短い部分ストレートS

ポルトガルノットステムS
コットンパール糸
矢印の向きに刺す

ウィップドバックS
コットンパール糸に
25番刺繍糸5本どりを巻く

フレンチノットS
25番刺繍糸3本どり2回巻き

レイズドリボンS
コットンパール糸のフレンチ
ノットS（2回巻き）の上に
リボンのリボンSを重ねる

サテンS
モール

コーチングS
ディアマント1本を
ディアマント1本どりで
とめる

リボンのレゼーデージーS
リボン

一模様

Réticule fleuri　小花のレティキュル　>P.4

出来上りサイズ：34×19cm（タッセルを含まない）

[刺繍材料]

DMC　25番刺繍糸　733（黄緑）　4束
　　　　　　　　3064（ピンク）　4束
　　コットンパール糸5番　543（薄ピンク）　1束
　　アブローダー25番　407（ピンク）　1束
刺繍糸の分量はタッセル分も含む

[そのほかの材料]

表布：リネン（青）　45×45cm
裏布：コットン（ストライプ）　45×40cm
ひも　MOKUBA　No.3200　50（黄）　約60cmを2本
縫い糸（表布の色と同色）

裁合せ図

指定以外のステッチを刺してから布を裁つ

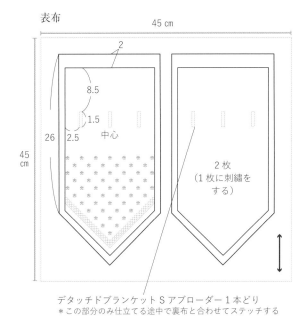

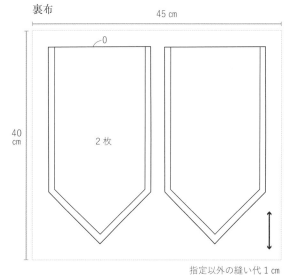

指定以外の縫い代1cm

作り方

1.

タッセルを3個作る。

P.45　B：タッセルの作り方参照
25番刺繍糸（733）6本どり
15cmの厚紙に25回巻き
7cmに切りそろえる
表布にはさみ込むため、よりひもは短めでよい

2.

表布を中表に合わせて縫う。角部分にはタッセルをはさむ。
裏布を中表に合わせて縫う。

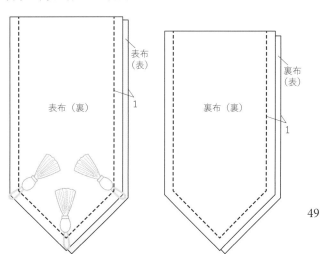

3.
表袋を表に返し、裏袋を中に入れ外表に合わせる。

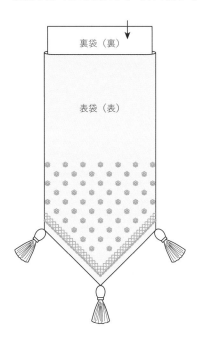

4.
表袋の口を内側に三つ折りにし、まつる。

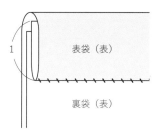

5.
袋の周囲合計6か所に
デタッチドブランケットSで
ひも通しを作る。

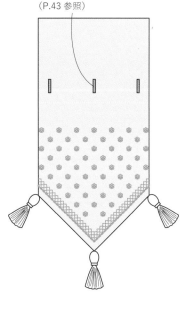

6.
ひも約60cmをひも通しに通し、端にタッセルをつける。

P.44　A：タッセルの作り方参照
25番刺繍糸（3064）6本どり
11cmの厚紙に30回巻き
5cmに切りそろえる

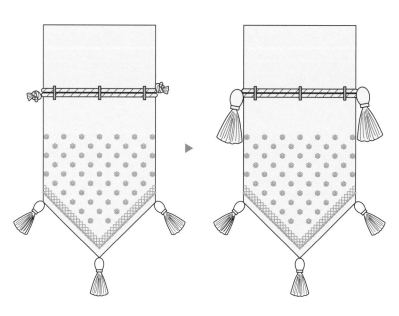

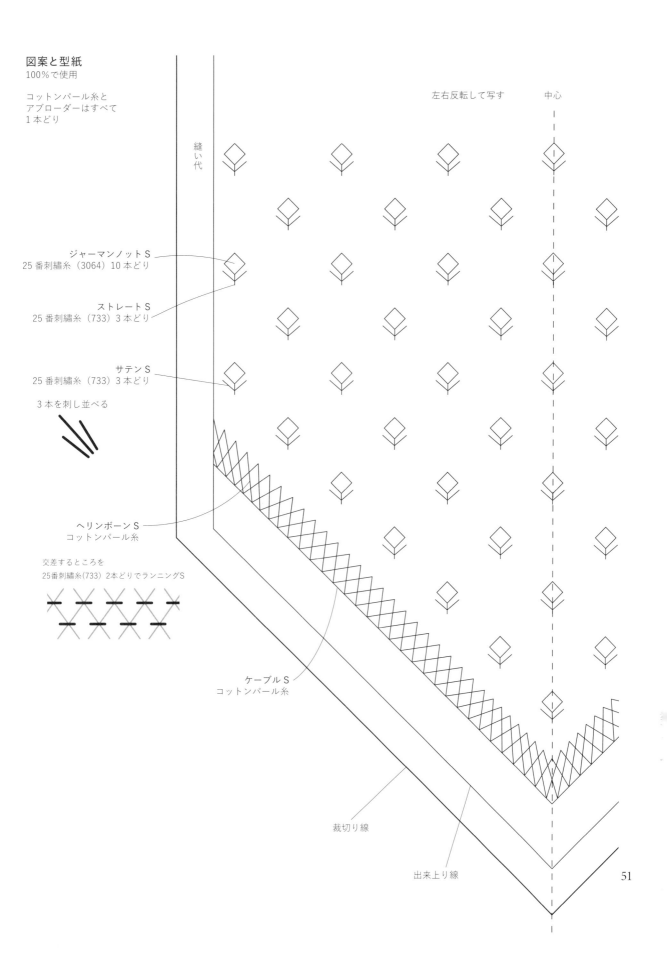

Trousse plate《Le printemps, 1818》　帛紗ポーチ《1818年の春》　> P.7　　出来上りサイズ:12×20㎝

[刺繡材料]

DMC　25番刺繡糸　718（ピンク）　1束
　　　　　　　　　372（薄グレー）　1束
　　　コットンパール糸5番　ECRU（生成り）　1束
　　　ライトエフェクト糸　E677（金）　1束
MOKUBA　リボン4㎜　No.1547　48（ベージュ）　1巻き
　　　　　ブレード4㎜　No.0431　00（白）　約35㎝
AFE　モール刺繡糸　203（薄緑）　1束
キルト糸（ベージュ）
　　　　（白）
刺繡糸の分量はタッセル分も含む

[そのほかの材料]

表布：リネン（ナチュラル）　25×50㎝
裏布：コットン　25×50㎝
縫い糸（表布の色と同色）

裁合せ図

刺繡をしてから布を裁つ

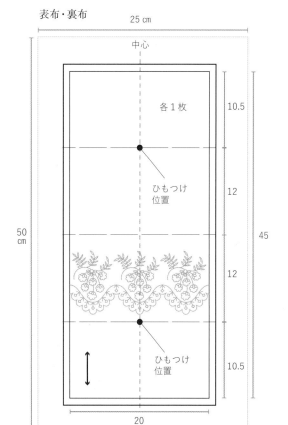

縫い代1㎝

作り方

1.

タッセルを2個作る。

| ひも
| P.44を参照し、25番刺繡糸（718）60㎝をよって
| 20㎝のよりひもを作る

| タッセル
| P.45 B：タッセルの作り方参照
| 25番刺繡糸（372）6本どり
| 9㎝の厚紙に20回巻き
| 4㎝に切りそろえる

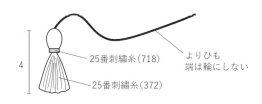

2.

1を表布につける。

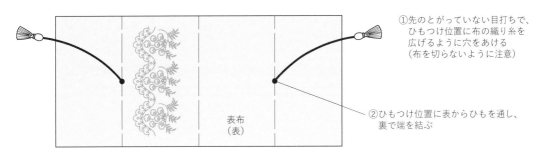

①先のとがっていない目打ちで、ひもつけ位置に布の織り糸を広げるように穴をあける（布を切らないように注意）

②ひもつけ位置に表からひもを通し、裏で端を結ぶ

3.

表布、裏布を中表に合わせて両サイドを縫う。
片側は返し口を残して縫う。

4.

両サイドを折り込む。

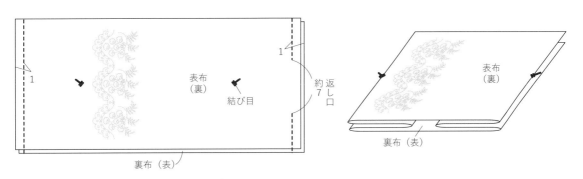

5.

上下を縫う。

6.

表に返し、返し口をコの字とじする。

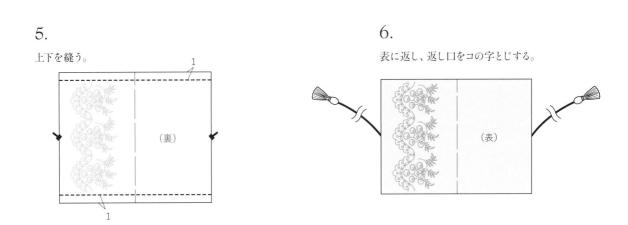

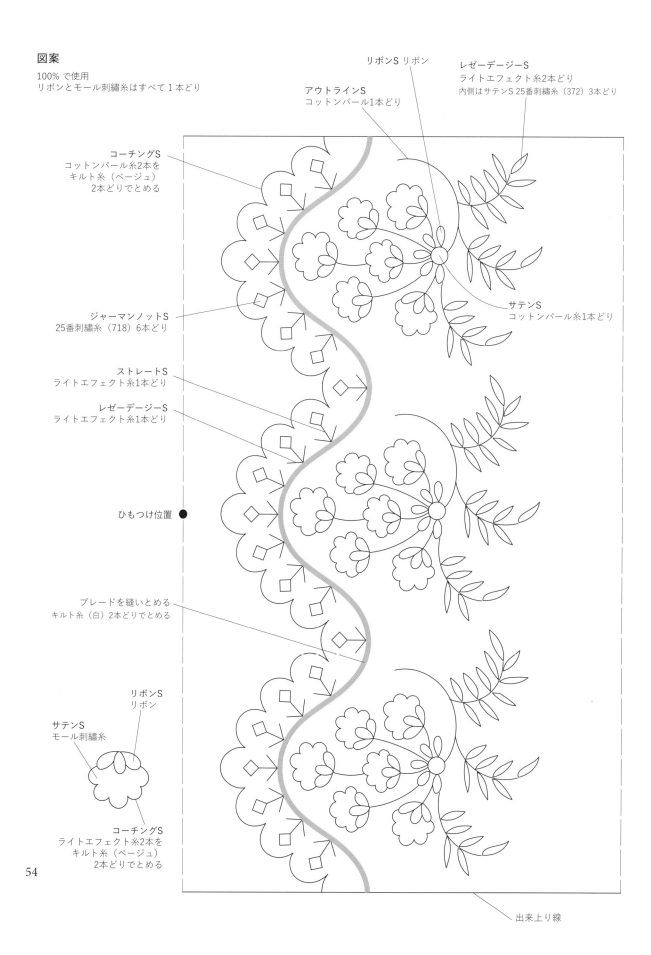

Col au muguet　すずらんのつけ衿　> P.11

出来上りサイズ：37×50cm

[刺繍材料]

DMC　25番刺繍糸　ECRU（生成り）　4束
　　　　　　　　524（薄緑）　1束
　　　　　　　　647（グレー）　1束
　　　アブローダー25番　B5200（白）　1束
MOKUBA　リボン4mm　No.1547　51（生成り）　7巻き
　　　　　　　　　　　　40（緑）　2巻き

[そのほかの材料]

表布：リネン（白）　45×55cm
スプリングホック　1組み

図案と型紙
200％に拡大して使用
リボンとアブローダーは
すべて1本どり

作り方
すべての刺繍をしてからブランケットSの外側をカットする。
裏布はつけない。

★を左右反転して写す

★　　　　　　　中心

ブランケットS
アブローダー

アウトラインS
25番刺繍糸（524）2本どり

アウトラインS
25番刺繍糸（647）2本どり

レイズドリボンS
25番刺繍糸（ECRU）6本どりの
フレンチノットS（3回巻き）の上に
リボン（51）のリボンSを重ねる

スプリングホックつけ位置

リボンのレゼーデージーS
リボン（40）

55

Pochette《Le mistral》　ミストラルのポシェット　＞P.8　　　出来上りサイズ：直径12×26cm

[刺繡材料]

DMC　25番刺繡糸　832（黄）　4束
　　　　　　　　　3072（薄緑）　1束
　　　コットンパール糸5番　3072（薄緑）　2束
MOKUBA　ブレード　4mm　0431 #15（黄）　約50cm
ダルマ　家庭糸細口　43（黄）　1巻き
刺繡糸の分量はタッセル分も含む

[そのほかの材料]

表布：リネン（ナチュラル）　60×40cm
裏布：コットン　60×40cm
底板（プラスチック板）　直径12cm
ひも　MOKUBA　No.0899　14（黄）　50cmを2本
縫い糸（表布の色と同色）

裁合せ図
指定以外の刺繡をしてから布を裁つ

表布・裏布

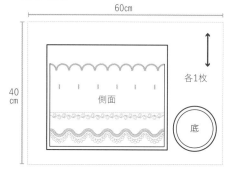

作り方

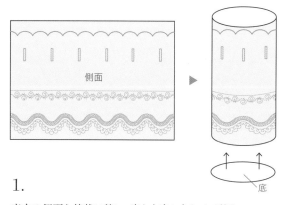

1.
表布の側面を筒状に縫い、底と中表に合わせて縫う。
裏布も同様に縫う。

POINT
筒状に仕立ててからはぎ目の上の刺繡を
後からすることで模様がつながる。
P.59図案と型紙参照。

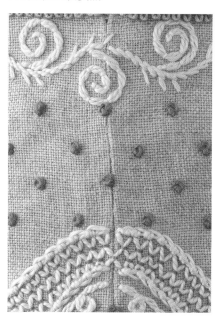

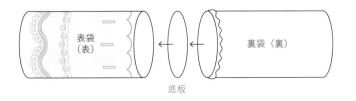

2.

表袋を表に返し、裏袋を中に入れる。
間に底板をはさむ。

3.

型紙（P.59）の▼部分で山折りにし、
上から0.3cmの位置を星どめで縫う。

POINT

工程3.はデザインとして刺繡面をかっちりと見せるためのもの。ひと手間加えることで完成度がアップする。

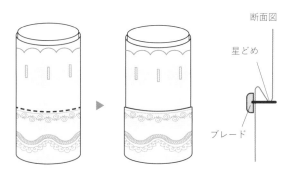

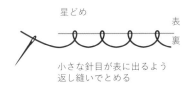

4.

袋の周囲合計6か所にデタッチドブランケットSでひも通しを作る。ブランケットSで巾着の口部分を処理し、カットする。

5.

ひもを通し、端にタッセルをつける。
P.44　A：タッセルの作り方参照。
25番刺繡糸（832）6本どり
11cmの厚紙に25回巻き
5cmに切りそろえる

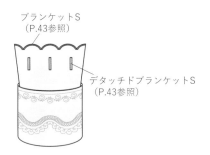

刺し方

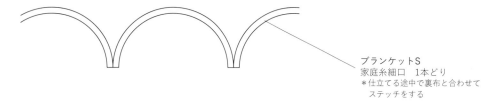

ブランケットS
家庭糸細口　1本どり
＊仕立てる途中で裏布と合わせて
　ステッチをする

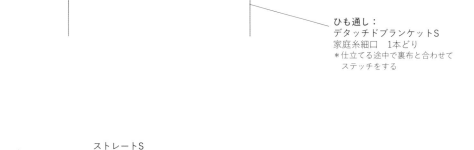

ひも通し：
デタッチドブランケットS
家庭糸細口　1本どり
＊仕立てる途中で裏布と合わせて
　ステッチをする

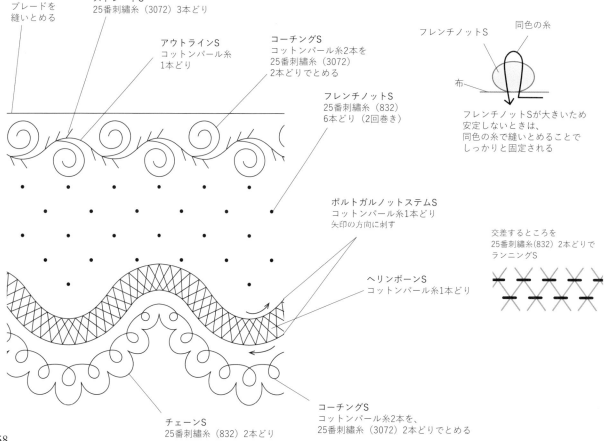

ブレードを縫いとめる

ストレートS
25番刺繍糸（3072）3本どり

アウトラインS
コットンパール糸
1本どり

コーチングS
コットンパール糸2本を
25番刺繍糸（3072）
2本どりでとめる

フレンチノットS
25番刺繍糸（832）
6本どり（2回巻き）

ポルトガルノットステムS
コットンパール糸1本どり
矢印の方向に刺す

ヘリンボーンS
コットンパール糸1本どり

チェーンS
25番刺繍糸（832）2本どり

コーチングS
コットンパール糸2本を、
25番刺繍糸（3072）2本どりでとめる

フレンチノットS　同色の糸
布
フレンチノットSが大きいため
安定しないときは、
同色の糸で縫いとめることで
しっかりと固定される

交差するところを
25番刺繍糸（832）2本どりで
ランニングS

図案と型紙
180%に拡大して使用

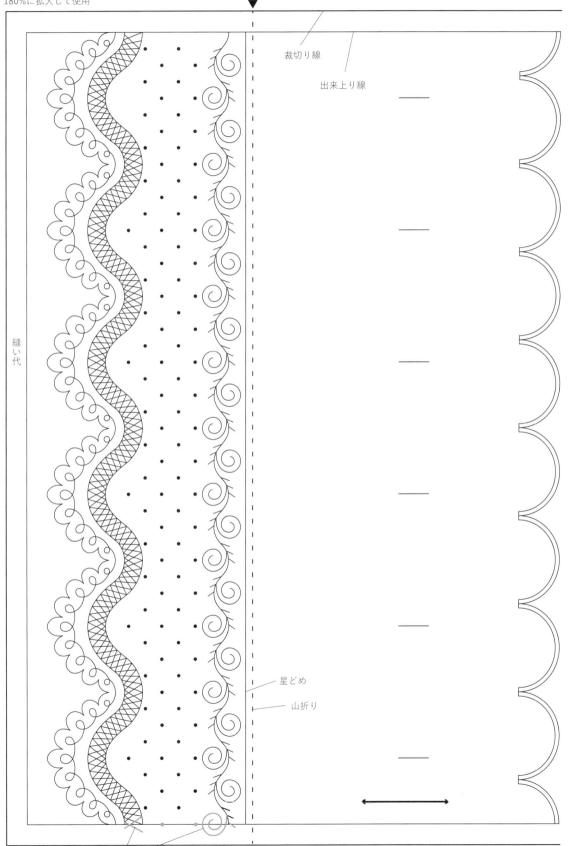

図案線がグレーの部分は、筒状に縫ってから刺繍をするときれいに仕上がる

Manchettes au muguet　すずらんのカフス　> P.10

出来上りサイズ：17.5×21.5cm（平置き）

[刺繡材料]

DMC　25番刺繡糸　524（薄緑）　1束
　　　　　　　　　647（グレー）　1束
　　　　　　　　　ECRU（生成り）　1束
　　　アブローダー25番　B5200（白）　1束
MOKUBA　リボン4㎜　No.1547　51（生成り）　1巻き
　　　　　　　　　　　　　　　40（緑）　1巻き

[そのほかの材料]

表布：リネン（白）　50×35cm
ボタン（白）　直径0.7cmを2個
縫い糸（表布の色と同色）

裁合せ図

刺繡をしてから布を裁つ

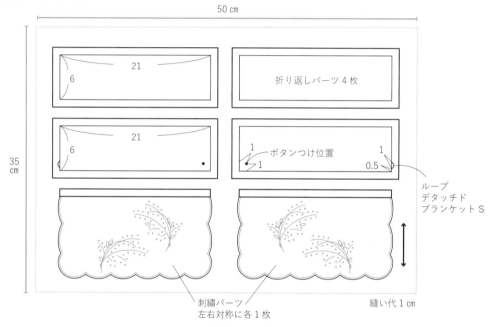

作り方

1.

刺繡パーツを折り返しパーツではさんで縫う。

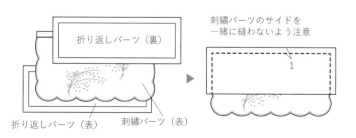

2.

表に返し、端を折り込んで縫う。
ボタンをつけ、デタッチドボタンホールSでループを作る。

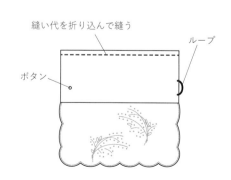

刺繍パーツの図案と型紙

100％で使用
リボンとアブローダーはすべて1本どり
※片側分を掲載。もう片方は、図案と型紙すべてを左右反転して写す。

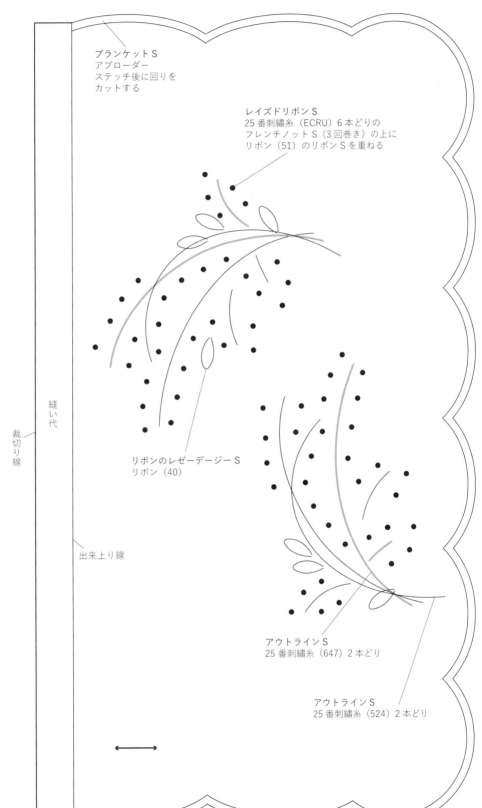

61

Pochette de brodeuse　刺繍のためのポーチ　>P.12

出来上りサイズ：20×20cm

[刺繍材料]

DMC　25番刺繍糸　927（水色）　1束
　　　コットンパール糸5番　ECRU（生成り）　1束
　　　ライトエフェクト糸　E168（銀）　1束
MOKUBA　リボン7mm　No.1540　465（ベージュ）　1巻き
　　　　　　　　　　　　　　　470（白）　2巻き
　　　　　　　　　　　　　　　514（水色）　2巻き

[そのほかの材料]

表布：リネン（ナチュラル）　25×45cm
裏布：コットン（緑）　25×45cm
ポケット布：コットン（ストライプ）　25×50cm
リボン　MOKUBA　6mm　No.4664　4（茶）　25cmを2本
縫い糸（表布の色と同色）

裁合せ図

刺繍をしてから布を裁つ

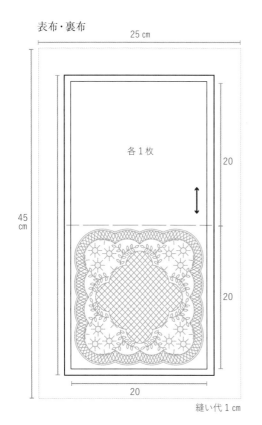

表布・裏布　各1枚　縫い代1cm

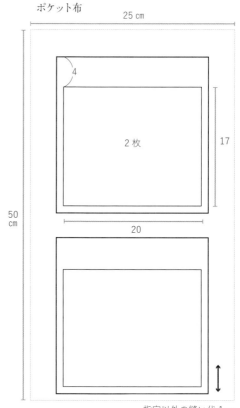

ポケット布　2枚　指定以外の縫い代1cm

作り方

1.
ポケットのポケット口を
三つ折りにして縫う。

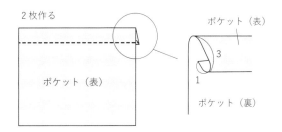

2.
ポケット2枚と裏布を重ね、
4か所にしつけ糸でとめる。

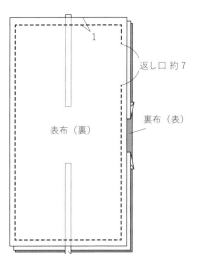

3.
表布と2を中表に重ね、
リボンをはさみ、
返し口を残して縫う。

4.
表に返し、
表布とポケットの返し口を
コの字とじする。
しつけ糸を抜く。

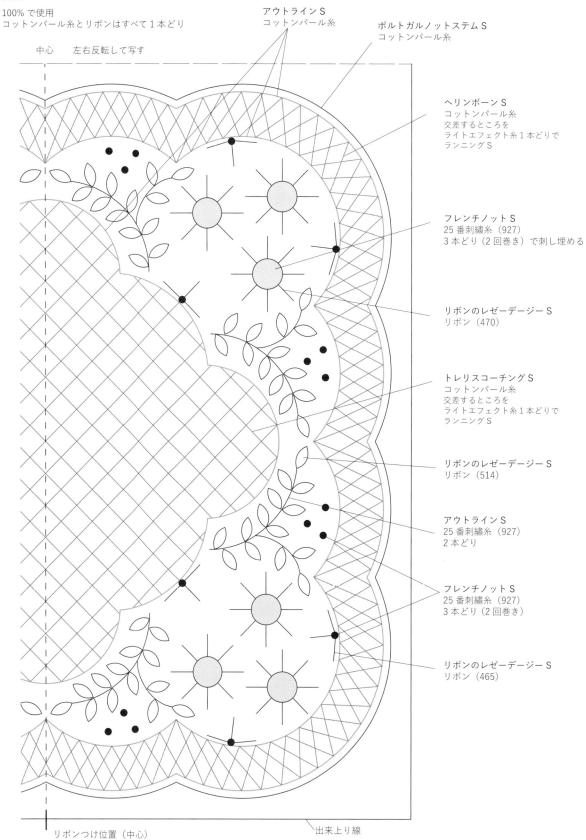

Pique-aiguilles　ピンクッション　>P.12

出来上りサイズ：5.5×5.5×2cm

[刺繍材料]

DMC　25番刺繍糸　927（水色）　1束
　　　コットンパール糸5番　ECRU（生成り）　1束
　　　ライトエフェクト糸　E168（銀）　1束
MOKUBA　リボン7㎜　No.1540　465（ベージュ）　1巻き
　　　　　　　　　　　　　　514（水色）　1巻き

[そのほかの材料]

表布：リネン（ナチュラル）　20×15cm
縫い糸（表布の色と同色）
わた

裁合せ図

刺繍をしてから布を裁つ

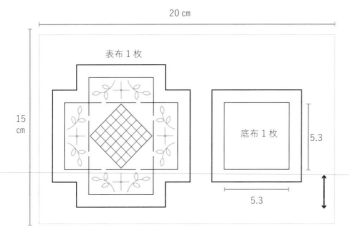

縫い代はすべて1cm

作り方

図案はP.67

1.

表布の4か所を縫う。

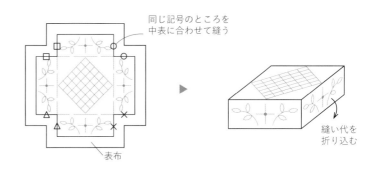

2.

わたを入れ、底布を縫いつける。

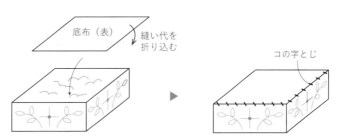

Etui à fils　刺繍糸ケース　> P.12

出来上りサイズ：5×20cm

[刺繍材料]
DMC　25番刺繍糸　927（水色）　1束
MOKUBA　リボン7㎜　No.1540　470（白）　1巻き
　　　　　　　　　　　　　　514（水色）　1巻き

[そのほかの材料]
表布：リネン（ナチュラル）　25×20cm
裏布：コットン（緑）　25×20cm
縫い糸（表布の色と同色）

裁合せ図
刺繍をしてから布を裁つ

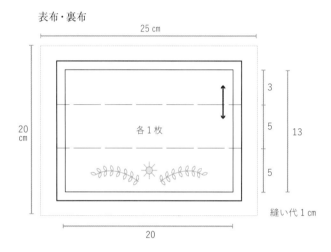

作り方

1.
表布と裏布を中表に合わせて上下を縫う。

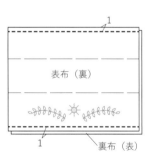

2.
内側に折り込み、返し口を残して両サイドを縫う。

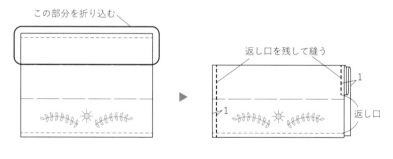

3.
表に返し、返し口をコの字とじする。

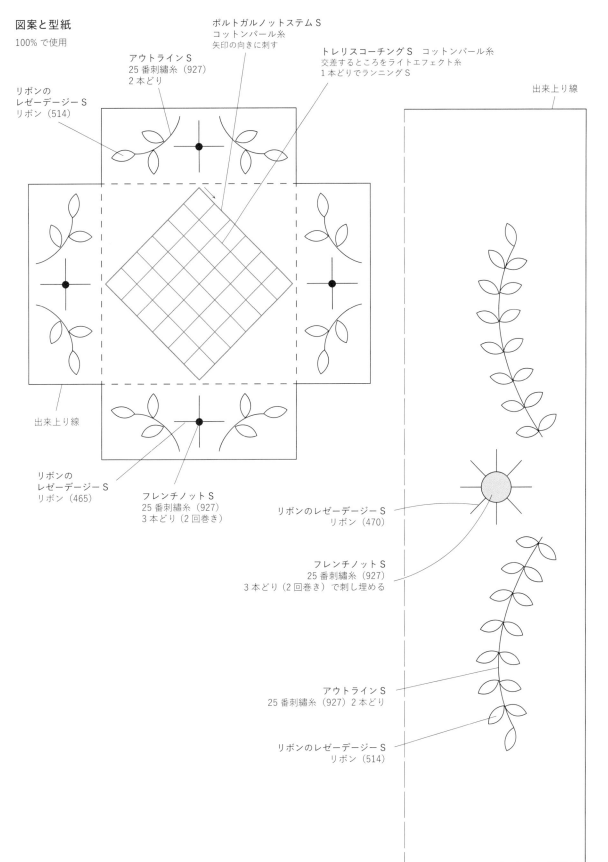

Porte-aiguilles　ニードルケース　>P.12

出来上りサイズ：10×7.5cm

[刺繍材料]

DMC　25番刺繍糸　927（水色）　1束
　　　コットンパール糸5番　ECRU（生成り）　1束
　　　ライトエフェクト糸　E168（銀）　1束
MOKUBA　リボン7㎜　No.1540　470（白）　1巻き
　　　　　　　　　　　　　　514（水色）　1巻き

[そのほかの材料]

表布：リネン（ナチュラル）　20×15cm
裏布：コットン（緑）　20×15cm
フェルト（白）　13×8cm
リボン　MOKUBA　6㎜　No.4664　4（茶）　15cmを2本
縫い糸（表布の色と同色）

裁合せ図

刺繍をしてから布を裁つ

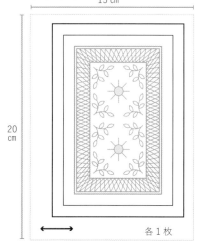

作り方

1.

裏布とフェルトの中心をそろえて縫う。

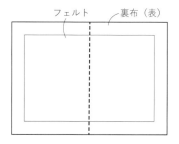

2.

リボンをはさみ、表布と1を中表に重ねる。

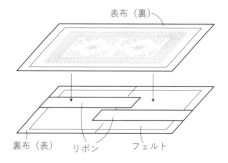

3.

返し口を残して縫う。
表に返し、返し口をコの字とじする。

図案と型紙
100%で使用
コットンパール糸とリボンはすべて1本どり

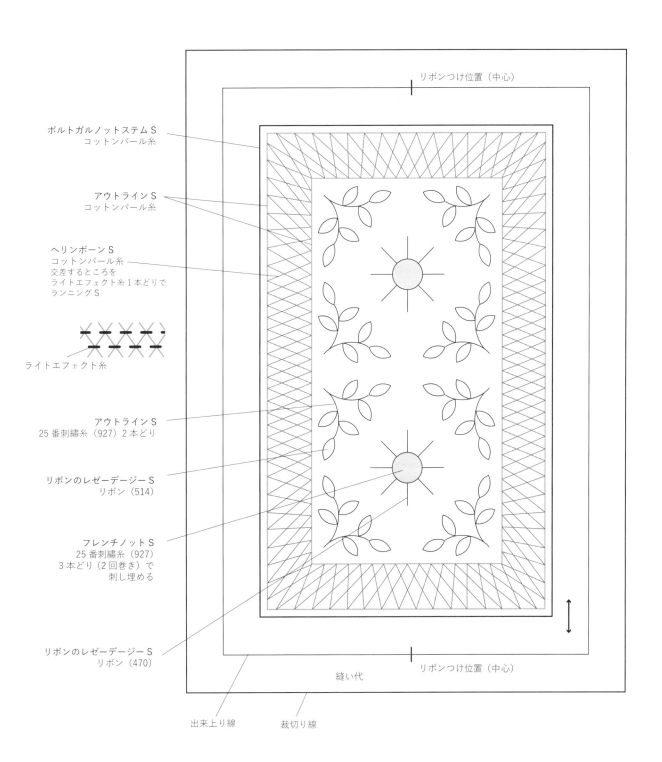

Couvre-livre　ブックカバー　>P.18

本のサイズ：15.6×10.5cm用

[ブックカバー　刺繍材料]

DMC　25番刺繍糸　407（ピンク）　1束
　　　　　　　　543（薄ピンク）　1束
　　　　　　　　732（黄緑）　1束
　　　　　　　　832（黄土）　1束
　　　　　　　　930（青）　1束
　　　　　　　　3852（黄）　1束
　　コットンパール糸5番　926（水色）　1束
　　　　　　　　　　　　ECRU（生成り）　1束
　　ディアマント　D3821（金）　1巻き

[そのほかの材料]

表布：リネン（青）　40×20cm
裏布：コットン（ストライプ）　40×20cm
グログランリボン　幅1cmを20cm
縫い糸（表布の色と同色）

[ブックマーク　刺繍材料]

DMC　25番刺繍糸　407（ピンク）　1束
　　　　　　　　732（黄緑）　1束
　　　　　　　　832（黄土）　1束
　　　　　　　　3852（黄）　1束
　　コットンパール糸5番　ECRU（生成り）　1束

[そのほかの材料]

表布：リネン（青）　10×7cm
裏布：コットン（ストライプ）　10×7cm
両面接着シート　10×7cm

裁合せ図

刺繍をしてから布を裁つ

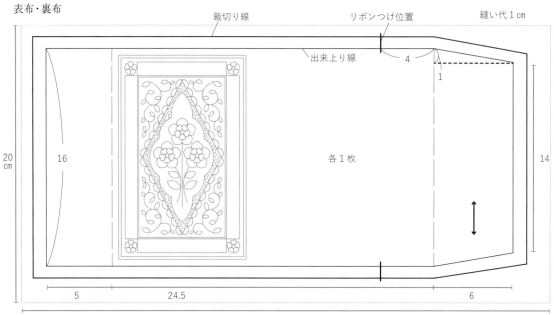

作り方

1.

表布と裏布を中表に合わせ、両サイドを縫う。

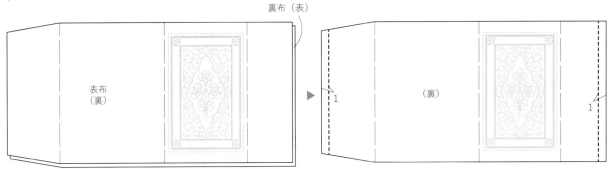

2.

見返し部分を折り込み、リボンをはさむ。返し口を残して上下を縫う。

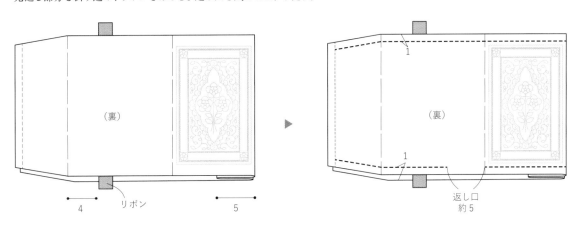

3.

返し口から表に返し、返し口をコの字とじする。

ブックマークの作り方

刺繡が終わったら裏に両面接着シートを
アイロンで接着する。
接着シートの剝離紙をはがし、
裏布をアイロンで接着する。
ピンキングはさみでカットする。

図案
100％で使用

P.72 ［花：中央］参照

ウィップドバック S
コットンパール糸（ECRU）1本どりでバック S
25番刺繡糸（832）5本どりで巻く

レイズドフィッシュボーン S
25番刺繡糸（732）3本どり

アウトライン S
25番刺繡糸（732）2本どり

図案
100%で使用

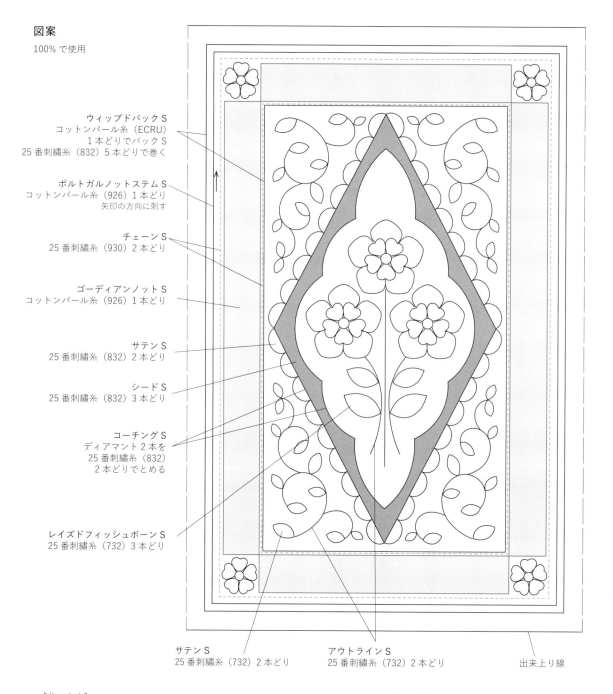

ウィップドバックS
コットンパール糸（ECRU）
1本どりでバックS
25番刺繍糸（832）5本どりで巻く

ポルトガルノットステムS
コットンパール糸（926）1本どり
矢印の方向に刺す

チェーンS
25番刺繍糸（930）2本どり

ゴーディアンノットS
コットンパール糸（926）1本どり

サテンS
25番刺繍糸（832）2本どり

シードS
25番刺繍糸（832）3本どり

コーチングS
ディアマント2本を
25番刺繍糸（832）
2本どりでとめる

レイズドフィッシュボーンS
25番刺繍糸（732）3本どり

サテンS
25番刺繍糸（732）2本どり

アウトラインS
25番刺繍糸（732）2本どり

出来上り線

[花：中央]

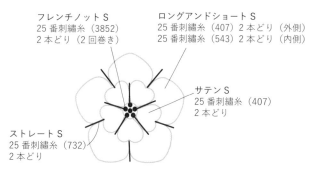

フレンチノットS
25番刺繍糸（3852）
2本どり（2回巻き）

ロングアンドショートS
25番刺繍糸（407）2本どり（外側）
25番刺繍糸（543）2本どり（内側）

サテンS
25番刺繍糸（407）
2本どり

ストレートS
25番刺繍糸（732）
2本どり

[花：四隅]

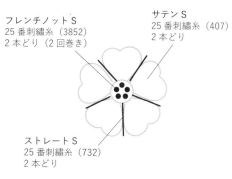

フレンチノットS
25番刺繍糸（3852）
2本どり（2回巻き）

サテンS
25番刺繍糸（407）
2本どり

ストレートS
25番刺繍糸（732）
2本どり

Petits bouquets 小さな花束 > P.22

[刺繍材料]
DMC 25番刺繍糸 451（紫） 1束
931（青） 1束
3011（緑） 1束
3072（グレー） 1束

図案
100%で使用

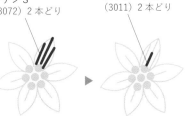
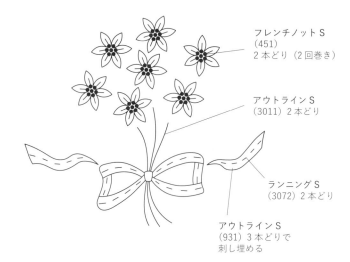

[刺繍材料]
DMC 25番刺繍糸 543（ベージュ） 1束
832（黄） 1束
902（赤） 1束
926（水色） 1束
3011（緑） 1束
ECRU（生成り） 1束

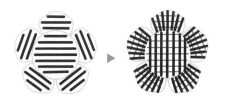

土台を同色の糸で
サテンSを刺し、
向きを変えて
サテンSを重ねて刺して
厚みを出す

図案
100%で使用

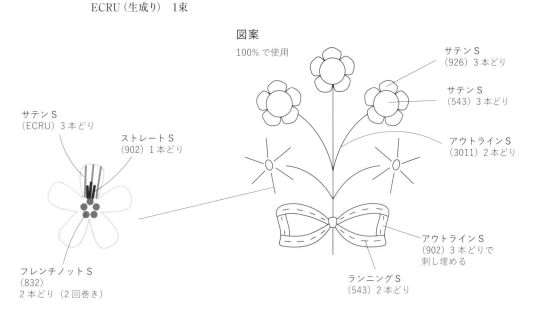

73

Col à fleurs bleues　青い花のつけ衿　> P.20

出来上りサイズ：22×28cm（平置き）

[刺繡材料]

DMC　25番刺繡糸　3768（深緑）　2束
　　　　　ディアマント　D168（銀）　1巻き
AFE　モール刺繡糸　406（薄グレー）　1束
　　　　　　　　　　　407（グレー）　1束

[そのほかの材料]

表布：リネン（白）　35×30cm
裏布：コットン（青）　35×30cm
スプリングホック　1組み
縫い糸（表布の色と同色）

裁合せ図

刺繡をしてから布を裁つ

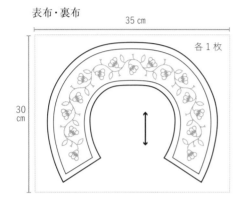

作り方

1.
表布と裏布を中表に合わせ
返し口5cmを残して縫う。
縫い代を0.5cm残してカットする。

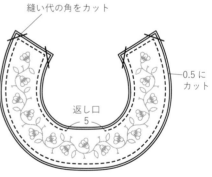

2.
返し口から表に返し、返し口をコの字とじする。

3.
裏布にスプリングホックを
縫いとめる。

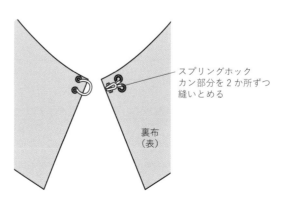

図案と型紙
120%に拡大して使用
モール刺繍糸とディアマントはすべて1本どり

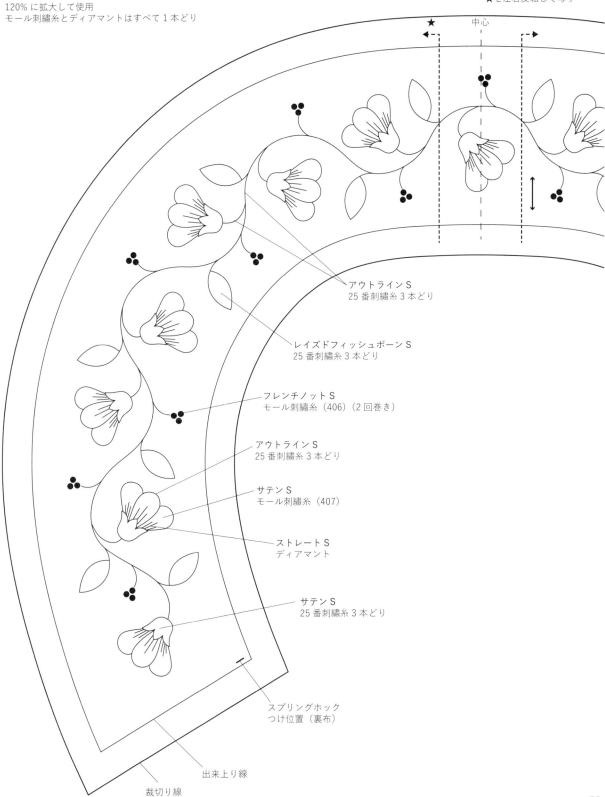

Pochette à iris アイリスのポシェット >P.21

出来上りサイズ：22×36cm

[刺繍材料]

DMC　25番刺繍糸　801（茶）　2束
　　　　　　　　　524（薄緑）　1束
MOKUBA　リボン4mm　No.1547　36（緑）　1巻き
　　　　　　　　　　　　　　　48（ベージュ）　1巻き

刺繍糸の分量はタッセル分も含む

[そのほかの材料]

表布：リネン（緑）　30×80cm
裏布：コットン　30×75cm
ひも　MOKUBA　3mm　No.801　8（茶）　60cmを2本
縫い糸（表布の色と同色）

裁合せ図

刺繍をしてから布を裁つ

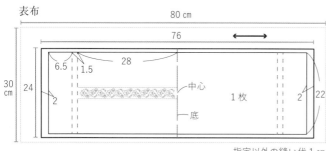

作り方

1.

表布を中表に半分に折り
ひも通し口を残して両サイドを縫う。
裏布も中表に半分にして縫う。

2.

表袋を表に返し、裏袋を中に入れ
外表に合わせる。
表袋の口を内側に三つ折りにし、
まつる。

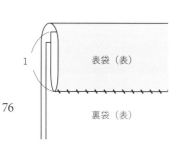

3.

ひも通し口をぐるりと縫う。

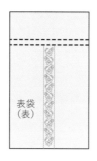

4.

ひもをひも通し口に通し、
端にタッセルをつける。

P.44　A：タッセルの作り方参照
25番刺繍糸（801）6本どり
9cmの厚紙に20回巻き
4cmに切りそろえる

図案と型紙
100%で使用

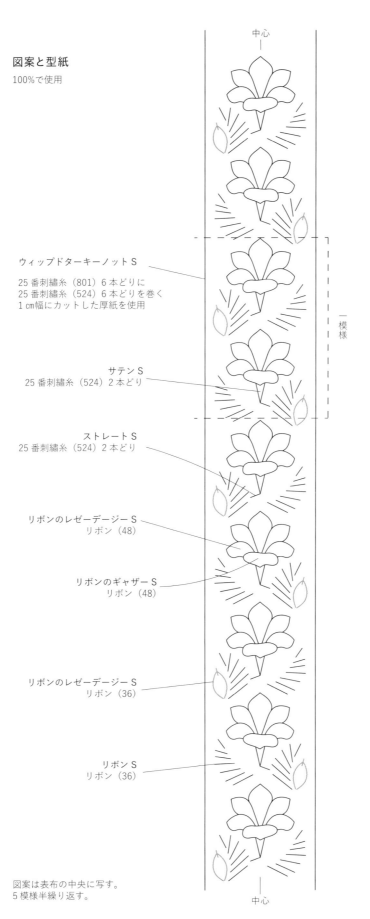

ウィップドターキーノット S
25番刺繡糸（801）6本どりに
25番刺繡糸（524）6本どりを巻く
1cm幅にカットした厚紙を使用

サテン S
25番刺繡糸（524）2本どり

ストレート S
25番刺繡糸（524）2本どり

リボンのレゼーデージー S
リボン（48）

リボンのギャザー S
リボン（48）

リボンのレゼーデージー S
リボン（36）

リボン S
リボン（36）

図案は表布の中央に写す。
5模様半繰り返す。

Broche nœud de ruban   リボンのブローチ   > P.24

出来上りサイズ：7.5×6.5cm

[刺繍材料]

DMC　25番刺繍糸　801（茶）　1束
AFE　モール刺繍糸　116（赤）　1束
特小ビーズ（銀）　約400個
ミシン糸（グレー）

[そのほかの材料]

表布：コットンオーガンジー（黒）刺繍枠に合わせて用意
裏布：合成皮革　8×7cm
ブローチ金具　25mmを1個
プラスチック板　8×7cm

作り方

P.46 参照

図案

100% で使用

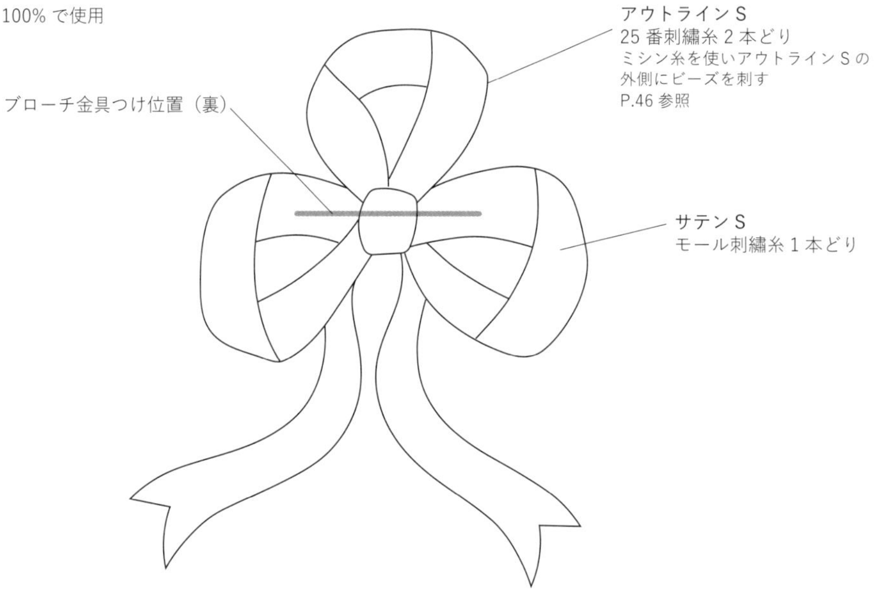

ブローチ金具つけ位置（裏）

アウトライン S
25番刺繍糸 2本どり
ミシン糸を使いアウトライン S の
外側にビーズを刺す
P.46 参照

サテン S
モール刺繍糸 1本どり

78

Motif de nœuds de ruban en répétition　リボンの連続模様　>P.25

[刺繍材料]
DMC　25番刺繍糸　801（茶）　1束
AFE　モール刺繍糸　409（青）　2束

図案
100%で使用

サテンS
モール刺繍糸1本どり

アウトラインS
25番刺繍糸2本どり

一模様

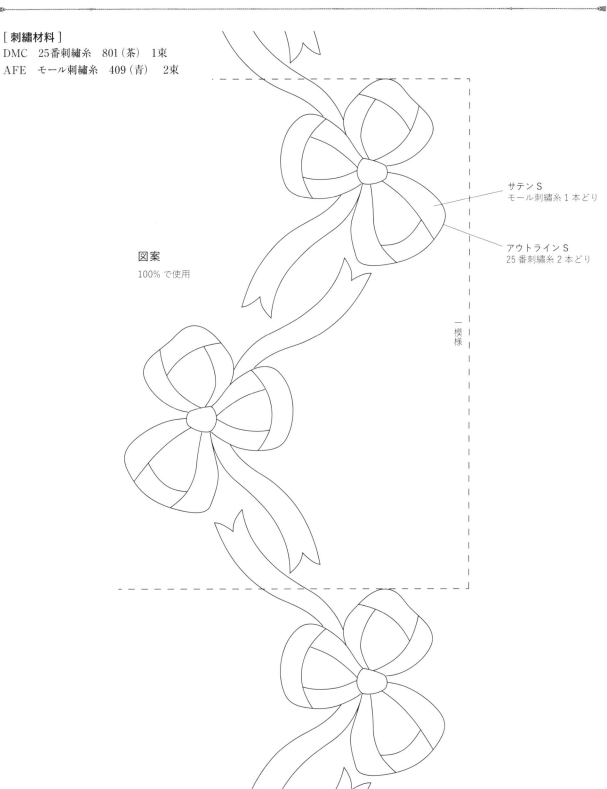

Le Ballon de Gonesse　ゴネスの気球　> P.26

出来上りサイズ：15.5×10cm

[ピンク：刺繡材料]
DMC　25番刺繡糸　730（緑）　1束 ────→ 902（赤）　1束
　　　　　　　　　733（黄緑）　1束 ────→ 832（山吹）　1束
　　　　　　　　　3064（ピンク）　1束 ────→ 926（水色）　1束
　　　　　　　　　801（茶）　1束 ────→ 801（茶）　1束
　　　　　　　　　831（金茶）　1束 ────→ 831（金茶）　1束
　　　　　　　　　642（グレー）　1束 ────→ 642（グレー）　1束
　　　　　　　　　ECRU（生成り）　1束 ────→ ECRU（生成り）　1束
　　　アブローダー25番　407（ピンク）　1束 ────→ 902（赤）　1束
刺繡糸の分量はタッセル分も含む　　　　　　　刺繡糸の分量はタッセル分も含む

[ブルー：刺繡材料]

[そのほかの材料]
表布：リネン（ナチュラル）　15×40cm
裏布：コットン（ストライプ）　15×40cm
縫い糸（表布の色と同色）

以下はピンクの作り方を紹介しています。
ブルーは糸の色を ──→ のように変えてください。

裁合せ図
指定以外の刺繡をしてから布を裁つ

作り方

1.
表布を中表に半分に折り、両サイドを縫う。
裏布も同様に縫う。

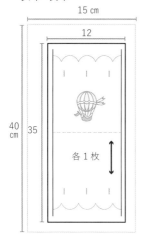

表布・裏布
15 cm / 12 / 40 cm / 35
各1枚

表袋（裏）
底（わ）

2.
表袋を表に返し、裏袋を中に入れて外表に合わせる。

裏袋（裏）
表袋（表）

3.
袋の周囲合計6か所にデタッチドブランケットSでひも通しを作る。
ブランケットSで巾着の口部分を処理し、カットする。

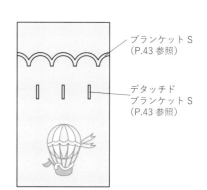

ブランケットS（P.43 参照）
デタッチドブランケットS（P.43 参照）

4.

よりひもを作ってひも通しに通し、端にタッセルをつける。

P.44　A：タッセルの作り方参照
よりひもは
25番刺繍糸（733）70cmをよって
約30cmのよりひもを2本作る

タッセルは
25番刺繍糸（3064）6本どり
7cmの厚紙に15回巻き
3cmに切りそろえる

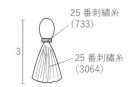

図案と型紙
100％で使用

指定以外は
25番刺繍糸で刺す

ひも通し：
デタッチドブランケットS
アブローダー1本どり
＊仕立てる途中で裏布と合わせて
　ステッチをする
＊裏面も同様

ブランケットS
アブローダー1本どり
＊仕立てる途中で裏布と合わせて
　ステッチをする
＊裏面も同様

裁切り線

出来上り線

サテンS
（3064）2本どり

サテンS
（733）2本どり

アウトラインS
（ECRU）2本どり

フレンチノットS
（733）2本どり
（3回巻き）

アウトラインS
（642）2本どり

アウトラインS
（730）2本どり で
刺し埋める

サテンS
（831）2本どり

アウトラインS
（801）2本どり

チェーンS
（801）2本どりで
刺し埋める

縫い代

底（わ）

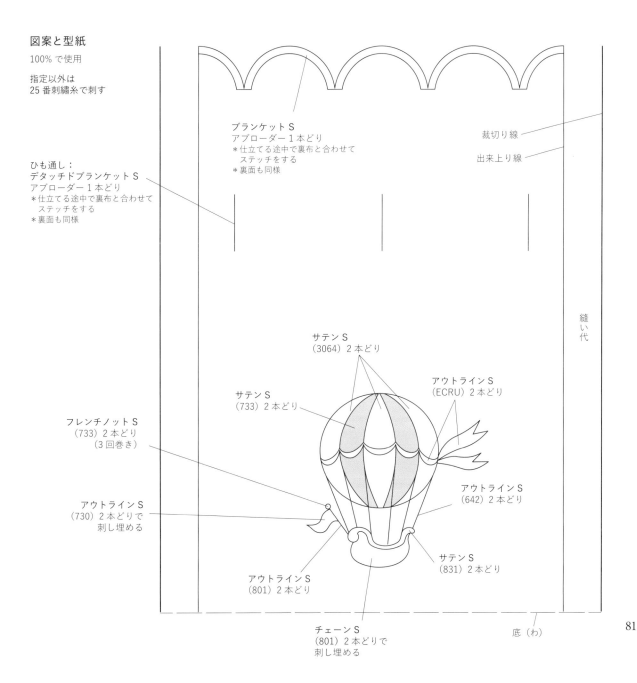

81

Pochette à clématite　クレマチスのポシェット　> P.27　　　　出来上りサイズ：17×23cm

[刺繡材料]
DMC　25番刺繡糸　453（ベージュ）　1束
　　　　　　　　　950（ピンク）　1束
　　　アブローダー25番　950（ピンク）　1束
AFE　モール刺繡糸　306（薄青）　1束

[そのほかの材料]
表布：リネン（白）50×20cm
裏布：コットン（ピンク）　50×20cm
縫い糸（表布の色と同色）

裁合せ図
指定以外の刺繡をしてから布を裁つ

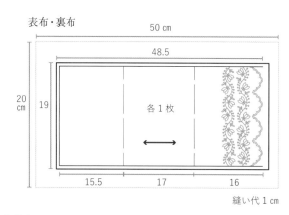

作り方

1.
表布と裏布を中表に合わせて縫う。

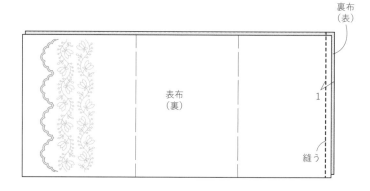

2.
下図のように内側に折り込み、
両サイドを縫う。

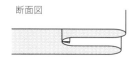

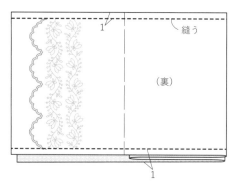

3.
表に返し、表布と裏布をまとめて縁にブランケットSをし、
カットする（P.43参照）。

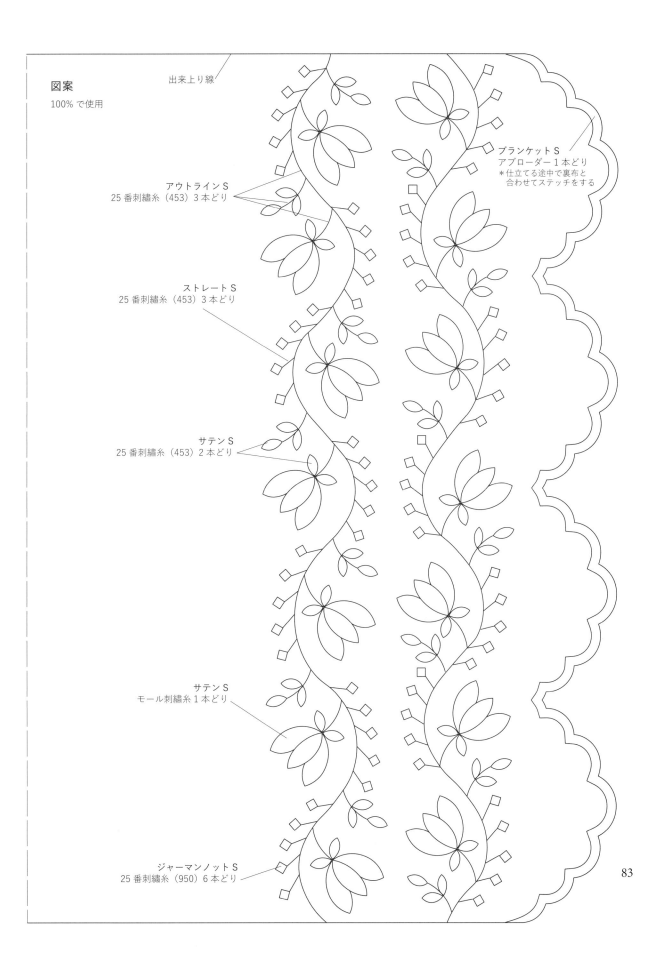

Motif floral en répétition II・III　花の連続模様 II・III　> P.23

[II：刺繍材料]
DMC　25番刺繍糸　221（赤）　1束
　　　　　　　　　730（緑）　1束
　　　　　　　　　930（青）　1束
　　　　　　　　　ECRU（生成り）　1束
　　　コットンパール糸5番　ECRU（生成り）　1束

[III：刺繍材料]
DMC　25番刺繍糸　221（赤）　1束
　　　　　　　　　730（緑）　1束
　　　　　　　　　3852（黄）　1束
　　　　　　　　　ECRU（生成り）　1束
　　　コットンパール糸5番　ECRU（生成り）　1束

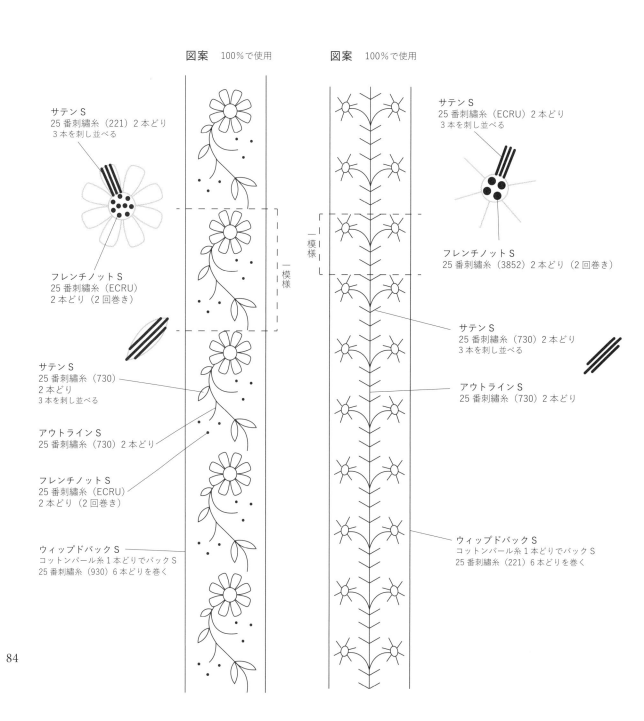

Motif floral en répétition Ⅳ・Ⅴ　花の連続模様 Ⅳ・Ⅴ　>P.28

[Ⅳ：刺繡材料]
DMC　25番刺繡糸　223（ピンク）　1束
　　　　　　　　　927（水色）　1束
　　　　　　　　　ECRU（生成り）　1束
コットンパール糸5番　927（水色）　1束
　　　　　　　　　　ECRU（生成り）　1束

[Ⅴ：刺繡材料]
DMC　25番刺繡糸　223（ピンク）　1束
　　　　　　　　　524（緑）　1束
　　　　　　　　　ECRU（生成り）　1束
コットンパール糸5番　524（緑）　1束
　　　　　　　　　　ECRU（生成り）　1束

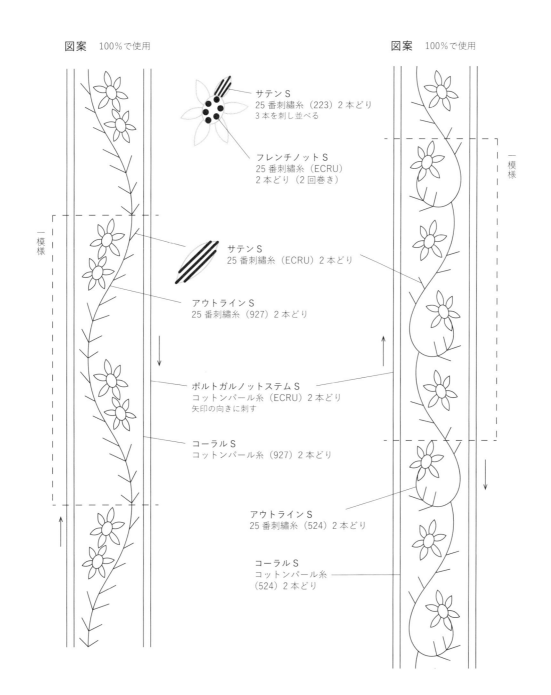

図案　100%で使用

サテンS
25番刺繡糸（223）2本どり
3本を刺し並べる

フレンチノットS
25番刺繡糸（ECRU）
2本どり（2回巻き）

サテンS
25番刺繡糸（ECRU）2本どり

アウトラインS
25番刺繡糸（927）2本どり

ポルトガルノットステムS
コットンパール糸（ECRU）2本どり
矢印の向きに刺す

コーラルS
コットンパール糸（927）2本どり

アウトラインS
25番刺繡糸（524）2本どり

コーラルS
コットンパール糸
（524）2本どり

一模様

85

Motif floral en répétition VI　花の連続模様 VI　> P.29

[刺繍材料]
DMC　25番刺繍糸　ECRU（生成り）　1束
　　　　　　　　524（薄緑）　1束
　　　　　　　　415（水色）　1束
　　　アブローダー25番　415（水色）　1束

図案　100%で使用

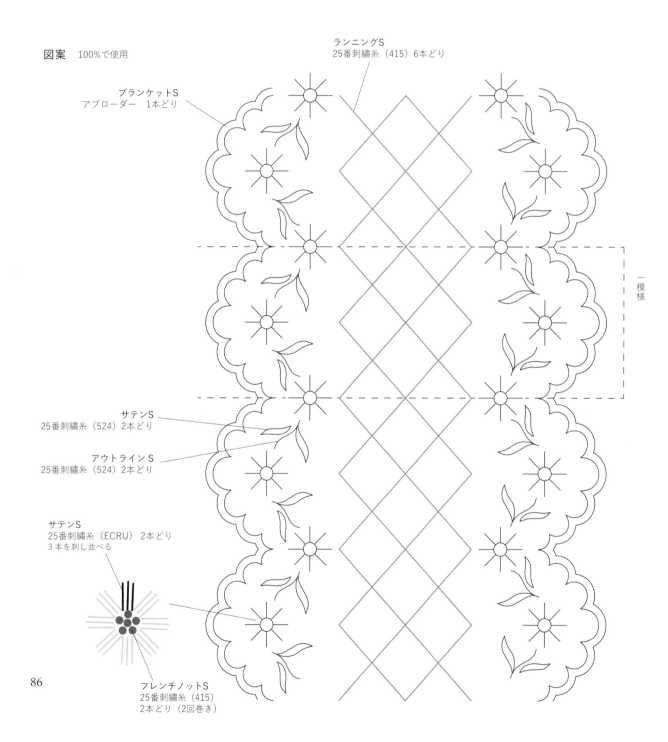

POINTS DE BRODERIE　基本のステッチ

ストレート・ステッチ

アウトライン・ステッチ

バック・ステッチ

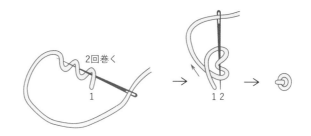

ランニング・ステッチ

シード・ステッチ

サテン・ステッチ

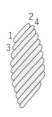

レゼーデージー・ステッチ

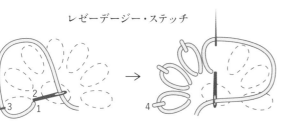

チェーン・ステッチ

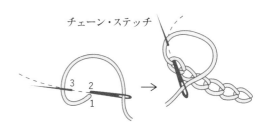

コーチング・ステッチ

ブランケット・ステッチ

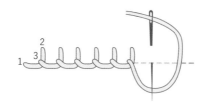

ロングアンドショート・ステッチ

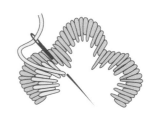

撮影：浅井孝秋

おおたにめぐみ
Megumi Otani

上智大学文学部フランス文学科卒業。武蔵野美術大学造形学部卒業。2009年より谷眞佐子氏に師事。2014年渡仏。エコール・ルサージュにてオートクチュール刺繡プロフェッショナルコース及び室内装飾のコースを修了。南仏カルヴィソンのLa maison du boutisにてフランシーヌ・ニコール氏にブティを学ぶ。現在、教室や通信講座での刺繡の指導、キットデザイン、メディアへの作品提供、講演会などで活動。著書に『南フランスの白い刺繡 ブティ』(誠文堂新光社)がある。

HP：https://megumiotani.com
Instagram @megumi.otani

アートディレクション	天野美保子	撮影協力
作品撮影	加藤新作	AWABEES
プロセス撮影	安田如水 (文化出版局)	
図案イラスト	おおたにめぐみ	L'heure Bleue
トレース・レイアウト	八文字則子	https://shop.lheure-bleue.jp
校閲	向井雅子	
編集	手塚小百合 (gris)	UTUWA
	三角紗綾子 (文化出版局)	

リボンと糸で描く
古典図案の刺繡

2024年12月7日　第1刷発行

著　者　　おおたにめぐみ
発行者　　清木孝悦
発行所　　学校法人文化学園 文化出版局
　　　　　〒151-8524 東京都渋谷区代々木3-22-1
　　　　　TEL.03-3299-2487 (編集)
　　　　　TEL.03-3299-2540 (営業)
印刷・製本所　　株式会社文化カラー印刷

・本書のコピー、スキャン、デジタル化等の無断複製は著作権法上での例外を除き、禁じられています。
・本書を代行業者等の第三者に依頼してスキャンやデジタル化することは、たとえ個人や家庭内での利用でも著作権法違反になります。
・本書で紹介した作品の全部または一部を商品化、複製頒布、及びコンクールなどの応募作品として出品することは禁じられています。
・撮影状況や印刷により、作品の色は実物と多少異なる場合があります。ご了承ください。

©Megumi Otani .2024　Printed in Japan
本書の写真、カット及び内容の無断転載を禁じます。

文化出版局のホームページ　https://books.bunka.ac.jp/